釜石の奇跡

どんな防災教育が
子どもの"いのち"を
救えるのか?

NHKスペシャル取材班

イースト・プレス

はじめに

東京から東北新幹線でおよそ二時間半。新花巻駅でＪＲ釜石線に乗り換え、さらに一時間半ほど電車に揺られた終着駅が釜石だ。

駅に降り立つと、すぐ目の前に日本で最も古い製鉄所として知られる新日鉄住金釜石製鉄所が見える。その向こう側には釜石湾が広がっている。製鉄所は一九八九年に高炉が休止、今では鉄の一貫生産は行っていないが、それでも釜石の子どもたちはふるさとが「鉄と魚の町」だと教えられている。

釜石駅から歩いておよそ一〇分のところに、市立釜石小学校がある。学校は高台にあり、市の避難所にも指定されている。東日本大震災でも、津波の被害を受けることはなかった。そのため、学校にいれば安全だったのだが、あの日、釜石小学校の一八四人の子どもたちは、学年末の短縮授業で午前のうちに授業は終了、午後一時には下校していた。校内に残っていたのは、児童のうち卒業式の準備などをしていた数人の六年生と五年生だけで、ほとんどの子どもたちは学校の管理下を離れ、家に戻っていた。

児童の多くは市役所や商店街がある海辺の町で暮らしていた。家へ着くやいなやランドセルを放り出して友だちの家へ駆け出していった子、釣りをしようと海へ向かった子、一人でお留守番をしながら部屋でゲームをしていた子、それぞれ思い思いの場所で自由な放課後を過ごしていた。三陸沖を震源とするマグニチュード九・〇の巨大地震が発生したのはそんな時間だった。

実は二日前の三月九日にも、三陸沖を震源とするマグニチュード七・二の地震が起きていた。津波注意報も発表されたが、地震の発生が午前一一時四五分と、学校にいる時間だったため、子どもたちは先生の指示に従って行動することができた。

しかし今度は放課後で、先生はいない。お父さんやお母さんも仕事に行っていて、いない。大人がいない中、およそ三分にわたって続いた長く大きな揺れを、子どもたちは恐怖に震え、互いに手を握って励まし合いながら耐えた。これまで経験したことのない揺れに、泣き出してしまった子も少なくなかった。

だが、本当の危機は揺れが収まった後にやってきた。

釜石の町を大津波が襲ったのは、地震発生から三五分後の午後三時二一分だった。堤防を越えた津波は、あっという間に水量を増し、町をのみ込んでいった。

「あそこで人が溺れてる！」

「助けにいぐな！」

高台に避難していた人たちは、ただ呆然と見つめることしかできなかった。

釜石小学校の先生たちも、学校から悪夢のような光景を目にしていた。

「子どもたちはどうなったのだろうか」「あの子とあの子はさっきまで学校にいたから、まだ下校途中かもしれない」「そういえばあのグループは今日、釣りに行くと言っていた……」

先生たちは一人ひとりの顔を思い浮かべながら、「頼む、逃げていて！」と祈り続けた。

しばらくすると学校には、毛布にくるまれた遺体が運び込まれてきた。避難してきた人たちの中で、「郵便局の前で、釜石小のジャージを着ていた女の子が流されているのを見た」といった噂も流れ始めた。あの大津波を、子どもだけで生き抜くことなどできるだろうか……。時間がたつごとに、先生たちの間には絶望感が広がっていった。

しかし、「奇跡」は起きていた。

一八四人の子どもたちは、自らの力で大津波を生き抜いていたのだ。

揺れが収まるやいなや、釣りをしていた子どもたちは、仲間どうしで相談しあって、一番近い高台へと逃げた。お留守番をしていた子は、お母さんの帰りを待つことなく一人で避難場所へと向かった。「地震の後は津波が来るから、一人でも逃げなさいって、学校で教わったから」と、小学校一年生の男の子は話す。

さらに子どもたちは、自分のいのちだけでなく、家族のいのちも救っていた。四年生だった男の子は、幼稚園の弟にジャンパーを着せて、しっかりと手をつないで走った。「津波なんて来ない」と笑って家に留まろうとする祖父母を、「ここにいるとみんな死んじゃうんだよ！」と説得し、高台へ連れて行った三年生の女の子もいる。「五〇センチの津波でも人は流される」と学んだことを思い出して、高台ではなく自宅の屋上に逃れて九死に一生を得た六年生と二年生の兄弟もいる。

釜石市では一〇〇〇人を超える人が亡くなったり行方不明になったりしているが、釜石小学校では、子どもたちの中から誰一人、犠牲者が出ることはなかった。

この事実を同世代の子どもを持つ親御さんたちに話すと、「ウチの子はぼんやりしていてとても無理」とか、「どうやったらそんな立派な行動がとれるのかしら」などと、ため息混じりにおっしゃることが少なくない。しかし、釜石小学校の子どもたちは決して特別な小学生などではない。どこにでもいる普通の子どもたちだ。宿題を忘れて先生から怒られてばかりの男の子もいれば、恥ずかしがり屋で自分の意見がなかなか言えない女の子もいる。

しかし、彼らが他の子どもたちと違った点が一つだけある。それは、学校で、いのちを守るための防災教育を受けていたことだ。危険が迫った時、先生からの避難の指示を待つのではなく、自分の判断で逃げるようにと繰り返し教えられていたのだ。

釜石市は過去にたびたび津波の被害を受けていた。一八九六（明治二九）年の明治三陸津波では、当時一万二六六五人だった人口のうち過半を超える六四七七人が犠牲となった。一九三三（昭和八）年の昭和三陸津波でも死者・行方不明者の数は四〇〇人を超え、一九六〇（昭和三五）年のチリ地震津波では、家屋などに大きな被害を出した。

こうしたことから、堤防などハード面の整備は整った半面、津波に対する教育現場の意識は依然として高くはなかった。

これではいざという時に子どものいのちが守れないと、二〇〇四年頃から釜石市教育委員会は、小中学校の防災教育に力を入れてきた。専門家の指導を仰ぎながら、各学校の先生たちが集まって、津波防災教育のための手引書を作成。独自の避難訓練を始める学校もあった。

地道な防災教育が生かされ、釜石市では三〇〇〇人ほどの小中学生のほとんど全員が、想定外の大災害を生き抜くことができた。この事実は、「釜石の奇跡」として国内外で大きな注目を集めている。「子どもたちの生存率九九・八％」として、マスコミにも大々的に取り上げられているため、耳にされた方も多いだろう。

だが、一つ断っておかなくてはならない。釜石の子どもたちは「ほとんど全員」が無事だったが、残念ながら五人の子どもたちが犠牲となった。病欠などの理由で、学校の管理下を離れていた子どもたちだ。亡くなった子どもが通っていた学校の先生たちは、「奇跡とは言わないでほしい」と無念の思いを話している。私自身、報道の現場にいて、「生存率九九・八％」と、子どものいのちを数字で表すことには強い抵抗を感じる。

ただ、釜石の子どもたちの行動を知り、いのちを守るための未来への教訓として伝えていくためには、「奇跡」という言葉は意味のあるものだと考えている。「生存率九九・八％」

が「奇跡」なのではなく、あれだけの災害を子どもたちが自分の力で生き抜くことができたという事実こそが奇跡的であり、後世に語り継いでいくべきものではないだろうか。そんな思いから、私たちNHK取材班は、震災直後から一年半にわたって釜石に通い続けた。

子どもたちはなぜ「奇跡」を起こすことができたのだろうか。私たちは一八四人の児童全員が助かった釜石小学校を中心に取材し、クローズアップ現代「ぼくらは大津波を生きた」（二〇一二年一月一七日放送）、NHKスペシャル「釜石の〝奇跡〟いのちを守る特別授業」（二〇一二年九月一日放送）などの番組を制作。あの日、釜石小学校の子どもたちは何を思いどう行動したのかを取材し、「奇跡」が生まれた背景を伝えてきた。番組はワールドメディアフェスティバル（ドイツ）、国際エミー賞（アメリカ）、シカゴ国際映画祭テレビ賞（アメリカ）、放送文化基金賞（日本）、日本賞（日本）、四川テレビ祭（中国）といった国内外の様々なコンクールで受賞・ノミネートされた。

本書はこの二つの番組をもとに、番組では伝えきれなかったことやその後の取材も含めて、「釜石の奇跡」を見つめなおした。

前半の二つの章では、釜石小学校の児童と先生たちの「あの日」について取り上げる。

第一章は、子どもたちや家族へのインタビューを通して、あの日の子どもたちの姿を描いた。「津波のことを思い出すのは辛いけど、自分の経験を伝えることで、一人でも犠牲になる人が少なくなるなら」という思いから、子どもたちは私たちの取材に応じてくれた。本章を通して、子どもたちのメッセージを受け止めていただければと思う。

第二章は、釜石小学校の先生たちの「三・一一」を追った。町に押し寄せる大津波を見て、「子どもたちはもうだめかもしれない……」と絶望した先生たち。がれきの山を越えて、児童の安否確認に向かい、「一八四人、全員無事！」とわかった時の喜び、その後の学校再開に向けての奮闘をまとめた。

第二部の第三章と第四章では、釜石市で行われてきた防災教育について紹介する。前述した通り、津波の常襲地帯でありながら、釜石市では津波に関する防災教育はほとんどなされていなかった。「奇跡」を生み出した防災教育はどのように広がっていったのか。第三章では、釜石市の防災・危機管理アドバイザーとして指導にあたってきた群馬大学の片田敏孝教授の取り組みを、そして第四章では、片田教授のもと、実際に子どもたちの指導にあたった釜石小学校の防災教育をみていく。

この二つの章は、是非学校の先生方に読んでいただきたい。東日本大震災以降、防災教育の必要性が叫ばれているが、クローズアップ現代、NHKスペシャルの放送後には、「釜石小学校の先生たちのように、子どもたちに生きる力をつける教育ができるか自信がない」といったお手紙を、多数受けとった。そんな教育現場の方々の悩みや不安に少しでもお答えできればと思い書き進めた。

第五章では、宮城県石巻市の大川小学校について触れた。七〇名の児童が亡くなり、四名の子どもの行方がいまだわからない大川小学校。私たちは震災から半年が過ぎた二〇一一年九月一四日に、クローズアップ現代「巨大津波が小学校を襲った～石巻・大川小学校の六か月～」を放送し、なぜ学校の管理下にありながら、多くの子どもたちのいのちが奪われてしまったのかを検証した。東日本大震災の「最大の悲劇」の一つといわれる大川小学校と、一八四人の児童が全員助かった「釜石の奇跡」。二つの現場を取材して感じたこと、同じ小学校でありながら「奇跡」と「悲劇」を分けたもの、教育現場が学ぶべき教訓について考察を試みた。

第六章と第七章では、「釜石の奇跡」の広がりをまとめた。震災後、釜石に続けとばかりに、防災教育のあり方を見直し、独創的な取り組みを進める学校が増えている。その結果、防災力だけでなく、なんと学力まで向上した学校もある。

また、「釜石の奇跡」は、教育現場にとどまらず、様々な業界からも注目されている。リスクに向き合い自律的に行動する姿勢を、「釜石の奇跡」から学ぼうという考え方が、経済界でも広がっているのだ。「釜石の奇跡」に触発され動き出した二つの取り組みを紹介する。

さらに、「経営学の神様」と言われ、「釜石の奇跡」を高く評価する一橋大学名誉教授・野中郁次郎氏にインタビュー。リスクマネジメントの観点から「釜石の奇跡」が生まれた背景を分析してもらった。

多くの人が関心を寄せる「釜石の奇跡」。だが、ある時、釜石小学校の六年生の男の子が、ちょっと不満そうにこんなことを言っていた。

「震災後、全国の人たちはぼくらのことを『釜石の奇跡』って言うんだけど、それはちょっと違うと思う。ぼくたちは学校で学んだことを実行していのちを守ったんだから、全員助かったことは奇跡じゃなくて実績です」

なんという鋭い指摘！　確かにこの男の子の言う通りだ。あの日、釜石の子どもたちは、何か特別なことをしたわけではない。「地震の後はすぐ高台へ避難する」という当たり前の行動を取っただけなのだ。そんな簡単なことが、なぜ大人になるとできなくなってしまうのだろうか。自分自身の姿を顧みながら、本書を読み進めていただければと思う。

目次

第一部 ぼくらは大津波を生きた

第一章

あの日、子どもたちは（CASE1〜6）

岩手県の釜石小学校は、海からおよそ一キロ離れた高台にある小さな小学校だ。二〇一一年三月当時の児童数は一八四人。一年生から五年生までは一クラスずつ、六年生は二クラス。子どもたちはお互いに小さな頃から顔なじみで、兄姉や家族のこともよく知っているという間柄だった。

三月一一日、午後二時四六分。三陸沖を震源とする巨大地震の発生によって、釜石小学校の学区内は、震度五強から六弱の強い揺れに襲われた。その時間はおよそ三分間。運悪く、この日、釜石小学校は学年末の短縮授業だったため、ほとんどの子どもたちが下校して、学校の管理下を離れてしまっていた。しかも、半数以上の子どもたちは津波が押し寄せた浸水域にいたのだ。

その中には、たった一人で家でお留守番をしていた子、友だちと一緒に釣りをしていた子、野球をしていた子など、大人の目の届かないところで遊んでいた子も少なくない。にもかかわらず、子どもたちはみな、大人顔負けの判断力を発揮して素早く避難し、全員無事に大災害を生き抜いた。

釜石小学校の子どもたちは、あの日、何を思いどう行動していのちを守ったのだろうか。後世への記録として残すため、私たちは先生方や保護者の方々の協力を得ながら、子どもたちの証言を集めることにした。取材は震災直後から二〇一二年八月まで続き、五〇人以上の子どもたちに話を聞かせてもらった。

彼らの言葉から浮かび上がってきたのは、私たちの想像を遥かに超えた「いのちのドラマ」だった。子どもたちは勇気を振り絞り、助けあい、いたわりあいながら、自分のいのち、家族や仲間のいのちを守っていたのだ。

この章では、いくつかのエピソードをご紹介する。子どもたちの心の動きやまっすぐな思いを知っていただくため、インタビュー時の語り口調を、できるだけそのまま表記することにした。また、特に注意書きがない場合は、学年や年齢は震災当時のものとなっている。

CASE 1 幼い弟のいのちを守った拓馬くん

一八四人の子どもたちの中で、私たちが最初に取材をしたのが篠原拓馬くん(小四)だ。拓馬くんは「勉強はちょっと苦手」だと言うが、野球が大好きなスポーツ少年だ。クラスのムードメーカーで、みんなから「たっくん」という愛称で呼ばれている。表情が豊かで、とても愛嬌のある男の子だ。

三人兄弟の次男坊の拓馬くんは、両親と祖父母の七人で暮らしている。震災前の家は、海から歩いて五分ほどの場所にあり、風情ある木造三階建ての家屋だった。

祖母の明美さん（六六）によると、普段の拓馬くんは、学校から帰ってくるとカバンを放り投げて遊びに出てしまうそうだが、あの日は、珍しくどこへも行かなかった。風邪を引いて幼稚園から早退していた弟の颯太《そうた》くん（六）とゲームをすることにした。「たまたまあの日は、誰とも遊ぶ約束をしていなかったんだよね」と拓馬くんは言うが、この偶然が、颯太くんと明美さんのいのちを救うことになった。

両親と祖父は仕事に出かけており、兄は同級生の家へ遊びに行っていたため、自宅にいたのは、明美さんと拓馬くんと颯太くんの三人だけだった。拓馬くんと颯太くんは居間に、明美さんは台所にいた時、大きな揺れに襲われた。

颯太くんは驚いて台所にいた明美さんのもとへと走っていったが、拓馬くんは、すぐさまこたつの中にもぐりこんで頭を守った。学校で、「揺れを感じたら頭を守りなさい」と教わっていたからだ。

篠原拓馬くん（右）と颯汰くん（左）

拓馬くんの祖母・明美さん

二日前の三月九日にも地震があったが、その時は揺れがすぐに収まったので、今回も大丈夫だろうと、拓馬くんは考えていた。しかし、いつまでたっても揺れが収まることはなかった。

「ぐるんぐるんと地面が回転するような感じだった。こたつのふとんの間から外がどうなるのか見てたら、コーヒーカップがぱりんぱりん割れるのが見えて。すごく怖かった。自分の住んでるところが、どうなっちゃうのかなって思った……」

しばらくして揺れが小さくなったため、拓馬くんは急いで台所にいた明美さんと颯汰くんのところに走っていった。だが、その後、揺れは再び大きくなった。食卓テーブルの下に隠れていた明美さんは、必死に二人の孫を抱きしめ続けた。

「孫たちを押さえて、どうしようと思ってね……。もう終わるからね、大丈夫だからね、がんばってねって声かけて、頭をおおって、テーブルの下の狭いところでがんばりました。でも、そんなふうに言いながら、私が一番、怖かったんです。揺れがほんとに長かったからね……」

明美さんは涙ながらに話してくれた。当時のことを思い出すと、明美さんは恐怖のためか、今も涙が止まらなくなるそうだ。

ようやく揺れが収まり、テーブルの下から出てきた三人。明美さんは、放心状態のまま、しばらく動くことができなかった。颯汰くんもおびえて、明美さんにしがみついたままだった。

しかし、拓馬くんは違った。

声をかけるやいなや、颯汰くんを居間につれていき、ジャンパーを着せ始めた。

「高台に逃げんだよ！　あんな大きな地震だったんだから津波が来るよ！　逃げないとみんな死んじゃうんだよ！」

拓馬くんはそう叫び、自分もジャンパーを着込んだ。

「私はボーッとして何もできなかったけど、拓馬はすぐに『颯汰、行くぞ！』って言ってジャンパー着せてたんですよ。それから、『おばあ！』って叫んで、『おばあも行くんだよ！』って言われて。『え、どこへ？』って言ったら、避難道路だって。津波が来るよって。あぁ、そうか、とりあえずは避難道路に上がんなきゃいけないんだなって。だけど、何をしていいんだか、すぐには動けなくてね。避難袋みたいなのは、ちゃんと廊下にさげてたんですけど、それさえも頭に思い浮かばなくて。とりあえずジャンパー着て、バッグ持って。で、私が玄関で靴履いてる時には、たっくは颯汰を連れて避難道路へ向かう階段を上がってました。もうほんとに素早いのなんのって。うーん、すごいなって思いました」

過去に何度も津波の被害を受けてきた釜石市では、山の斜面に「避難道路」と呼ばれる緊急避難場所が整備されている。津波の危険がある時はすぐに上がれるよう、あちらこちらに階段がある。拓馬くんの家のそばにも階段があった。

ジャンパーを着込み避難する準備を整えた拓馬くんは、手早く大事なゲームをカバンに詰め込んだ（明美さんに、「すぐ帰ってくるんだから、ゲームは持っていかなくていい」と言われ、結局、置いていったそうだ）。そして、靴を履くと、颯汰くんと一緒に避難道路に向かって階段を駆け上がっていった。そんな拓馬くんにつられるように、明美さんも避難道路へ向かった。

母の智子さんは、三人の子どもたちの中で、拓馬くんのことが一番心配だったそうだ。いつもふざけてばかりいる拓馬くんが、ちゃんと避難できるとは思っていなかったのだ。「一番上の兄ちゃんは、自分で判断して避難するだろうなって思ってたし、颯汰はばあばがなんとかしてくれると思ったけど、たっくはどうなっかわかんないと思ってたんです。海のほうに遊びに行ったまま、逃げてなかったらどうしようって。もう心配で心配で……。そんなたっくが、自分が逃げるだけじゃなく、颯汰も連れて逃げたって。ばあばから、『助かったのは、たっくのおかげだ』って聞かされて、もう本当に驚きました」

祖母の明美さんも、「避難所に行って心が落ち着いた時に、『たっくに声かけられたから、ばあばも助けられたんだね』って感謝しました。『たっくのおかげで避難できたんだよね、ありがとね』って、ずっとずっと感謝してました」

そんな二人の言葉にちょっと照れながら、拓馬くんはこんなふうに話してくれた。

「おれ、必死だったんだよね。大人に命令するなんて、生まれて初めてだったから。おばあの言うこと聞かずにゲームも持っていけばよかったなぁとは思うけど、みんなが助かってよかった」

颯汰くんと明美さんのいのちを救った拓馬くん。まだ一〇歳だった拓馬くんが、なぜ素早く的確な行動をとることができたのだろうか。「おれ、国語が苦手だからうまく言えないなぁ」と拓馬くんは言うが、インタビューから、二つの理由があることがわかった。

一つは、学校での避難訓練だ。第四章で詳述するが、釜石小学校では、子どもたちが学校以外の場所にいる時に地震や津波が発生したことを想定して、家から最も近い避難場所へ逃げる訓練を行っていた。拓馬くんの場合は、避難道路へ走って逃げる訓練だった。

「避難訓練の時はあんまりまじめにやってなくて、友だちとふざけてたんだけど、いざとなれば訓練の時のことが頭のどっかから出てきて、体が自然と動いたんだよね。野球でも、ここぞ！という時には気持ちがひきしまって、練習でやったように打てたりするんだけど、あれと同じ感じだと思う。おばあが動けなかったのは、大人は訓練して体を動かしてないから、地震の時も体が動かなかったんじゃないかなぁ」

と、拓馬くんは分析している。

釜石小学校の子どもたちを取材すると、拓馬くんのように「地震の後、体が自然に動いた」と答える子どもたちは少なくなかった。どれだけ頭で避難の必要性を感じていても、実際に走って訓練していなければ行動には移せないのだと、子どもたちから教えられた。

拓馬くんが迅速に避難できた、もう一つの理由。それは、弟・颯汰くんの存在だった。

普段は四つ年下の颯汰くんとケンカばかりしている拓馬くんだが、あの時は、「幼い弟を守れるのは自分しかいない」と強く感じたそうだ。

「ケンカばっかしてっけど、颯汰が生まれてからずっと一緒に過ごしてきたし、これからも一緒に生きていきたいから、おれががんばんなきゃと思って。だから、颯汰を連れて必死で階段駆け上がった。震災でいろんなものがなくなったけど、やっぱいのちが一番大事なんだってわかった」

自分のいのち、颯汰くんのいのちを守るため、拓馬くんは、学校で教わったことを懸命に実行したのだ。


家族は全員無事だったが、拓馬くんたちの家は、土台から流されてしまった。その光景を、拓馬くんは避難道路からじっと見ていたそうだ。明美さんは、その時の拓馬くんの姿をはっきりと覚えている。

「大粒の涙をね、たらったら流して、フェンスにつかまってじーっと見てたの。声を出さないでこらえて。ただ涙だけ流して。家が流れるところ、じーっと見てました……」

家は驚くほど簡単に波に持っていかれたよと、拓馬くんは話す。「木造だからしょうがないんだよね」と明るく言うが、避難生活をしている時には、当時のことを思い出したためか、夜中にうなされることがたびたびあったそうだ。

そんな拓馬くんの気持ちを考えると、あの日のことを聞くべきではないと思っていた。だが、拓馬くんからは、私たちが予想もしなかった言葉が出てきた。

「おれ、あの日のことは話しておきたいし、津波を見てよかったと思ってるよ。もし三月一一日に戻ったとしても、もう一回津波を見て記憶しておく」と言うのだ。

なぜそんなふうに思うのだろうか。

「津波の恐ろしさを、これからの子どもたちに伝えていかなくちゃって思うから。大人になって自分の子どもとかができたら、津波がどんだけ怖いものか話して、『すぐに逃げなくちゃだめなんだぞ！』って教えたい。ちゃんと教えないと、子どもはどうすればいいかわかんなくて死んじゃうかもしれないでしょ。おれが経験したこと、全部伝えたいと思う」

この言葉を聞いて、私たち取材班は背筋が伸びる思いがした。目の前にいるのはまだ小学生の子どもだが、大人から話を聞く時と同じように向き合わなくては、彼らの思いを受け止めるに見合う取材にはならないと、強く感じた。

拓馬くんとの出会いによって、私たちのその後の取材方針は決まったといえるだろう。

CASE 2 家族に避難を呼びかけ続けた愛海ちゃんと駿佑くん

三月一一日、町に押し寄せる津波を見た釜石小学校の先生たちは、「なぜ今日に限って子どもたちを早く帰してしまったのか……」と強く後悔した。だが、拓馬くんの事例でもわかるように、子どもたちが家にいたからこそ、救われたいのちがたくさんあった。次に紹介する内金崎愛海《うちかねざきあみ》ちゃん（小三）も、家族のいのちを救った一人だ。

一人っ子の愛海ちゃんは、成績は優秀だが、おっとりしていて、給食を食べるのはいつもクラスで最後。自分自身の性格を、「すっごい弱虫で泣き虫。だから全然しっかりしてない人みたい。友だちとケンカしても言いたいことが言えなくて、すぐ負けちゃう」と分析する可愛い女の子だ。

そんなのんびり屋の愛海ちゃんが、どうやって家族のいのちを救ったのだろうか。

愛海ちゃんは両親と祖父母の五人暮らし。家は、CASE1の拓馬くん家のすぐ近くにあった。自宅の一階では、祖父母が自転車店を経営していて、二階に祖父母、三階に愛海ちゃんと両親が生活していた。両親は共働きのため、愛海ちゃんは自転車店で時間を過ごすことが多かった。

優等生の愛海ちゃんは、学校から帰ると、遊びに行く前に宿題を終わらせるのが習慣だ。三月一一日も、早々と宿題を済ませると、友だちとおままごとをしようと約束をしていたので、その準備をしていたそうだ。

そんな時、大地震が発生。愛海ちゃんはすぐにおままごと用の小さなテーブルの下に隠れた。記憶力が抜群の愛海ちゃんは、当時の状況を詳細に話してくれた。

「最初は少し風で揺れたような感じの揺れがカタカタってきて、まぁこのぐらいなら大丈夫かなって思ってたんだけど、心配だから自分の体が勝手に動いて、おままごと用の赤いちっちゃいテーブルの下に隠れたら、あの大きい地震が来て。それがすっごく長かった。仏壇のものもボーンボーンって全部吹っ飛んで、いつもだったら落ちたとしてもコロンって転がるんだけど、今回はなんか前にピューって進むような、今まで見たことのない吹っ飛び方で、すごいびっくりして、家も破壊されてしまうのかなって思って。

ばび（祖母のこと）は隣の部屋にいたけど、愛海のことが心配みたいで、物を押さえながら歩いてきてくれて、その押さえる姿を、隠れながら見てました。じいちゃんは何をし

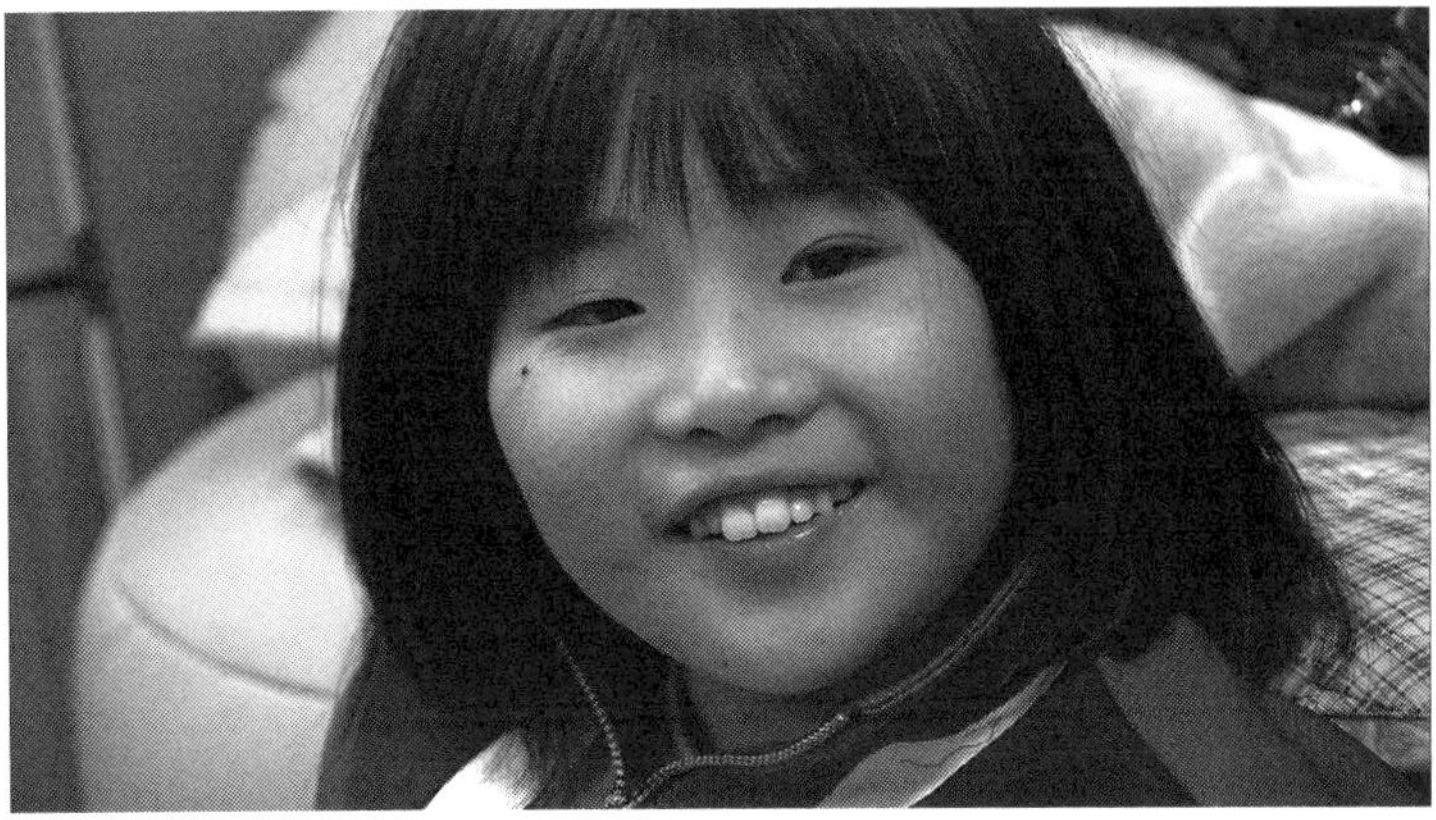

内金崎愛海ちゃん

てたのかよくわかんない。愛海はだんだん体中に汗かいてきて、すごい緊張して、地震の揺れで足もすごい震えて、これからどうなるんだろうって思ってました」

これまで経験したことのないような強く長い揺れに恐怖を感じながらも、愛海ちゃんはこの時、あることを思い出した。

「学校に貼ってあった、『おっきな地震がきたらすぐ高台に逃げましょう』っていうのが頭にすぐ浮かんできました。学校では『自分のいのちは自分で守る』ということを教えられていたので、まずいのちを守らなきゃと思いました」

愛海ちゃんは揺れが収まるとすぐに、祖父の源《げん》一郎《いちろう》さん（七二）と祖母の富美子《ふみこ》さん（六〇）に、「避難道路へ逃げよう！」と訴えた。

だが、二人とも全くとりあってくれなかった。

「ここまで津波は来ないよ」

「たとえ来ても足もとぐらいだよ」

のんびりと答えた二人は、「ちょっと上の様子を見てくっから」と、二階の住居に上がってしまった。

「別に焦ってる様子もなくて。来ねえべ来ねえべって。来てもちょっとぐらいの津波だべって言って、二階のじいちゃんとばびの部屋の瀬戸物がたくさん倒れてたから、それを掃除するって」

「けがをすると危ないから、愛海はここにいなさい」と言われたが、愛海ちゃんは引き下がらず、二人の後ろをついていった。

「掃除なんて後からすればいいから！　絶対津波がくっから、低くても高くてもくっから、とりあえず逃げて！」

何度も何度もそう訴え続けた。

愛海ちゃんの必死な様子と、「あまりにもうるさかった」ため、二人は仕方なく避難することにした。

「すぐウチに帰ってくるとばっかし思ってましたよ。だから何も持たないで行ったの。何も持たないで手ぶら。靴も履かず、サンダル履きで行きました」

と、富美子さんは話す。

しばらくすると、愛海ちゃんの父・正さん（四〇）と母・久美さん（四一）も、家の様子を見に職場から戻ってきた。愛海ちゃんたちが外へ出て行こうとするのを見て尋ねた。

「この寒い中、みんなしてどこさ行ぐんだ？」

「愛海が、津波がくっから逃げろって言うから、避難道路へ行こうと思って」

「ふーん。じゃ、おれらも逃げっか」

大人たちはそれほど避難の必要性を感じていなかったが、とりあえず、みんなで避難道路へ行こうということになった。

だが、久美さんだけは、「私は鳥たちが心配だから、様子を見てから行く」と家に残ることにした。鳥が好きで四羽のインコを飼っていた久美さんは、地震で鳥かごが倒れていないか気がかりだったそうだ。

「ママ、早く来てよ！」と伝え、愛海ちゃんは源一郎さん、富美子さん、正さんらと避難道路に向かった。

避難道路に着いた愛海ちゃんは、久美さんのことを待ち続けた。だが、いくら待っても、いっこうに現れる気配はない。心配のあまり愛海ちゃんは、「ママが死んじゃう！」と大声で泣き出した。

その泣き声があまりにも大きかったので、周りの人の目を気にした正さんは、「愛海が泣いてるから早くきて」と、久美さんにメッセージを送った（二人は携帯電話の「災害伝言ダイアル」を利用してメールのやりとりをしていた）。

メールを読んだ久美さんは、それでも家を出ようとは思わなかった。

「大泣きしているので来いと、高台に上がれって言われても、私は津波は来るもんではないって思ったんで、すぐに行かなくてもいいいって思ってました」

久美さんはもともとは仙台の出身で、正さんと結婚してから釜石で暮らし始めた。そのため、地域の事情に詳しくなく、「地震＝津波」という意識は持っていなかったと言う。

メールを送っても避難道路に上がってこない久美さん。愛海ちゃんは、さらに大声で泣き出した。

「もうやばい！　ママが死んじゃう！って思いました。ママは意地でも来ないのかなと思って、半分は諦めた気持ちだったんだけど、なんとかして助けなきゃと思いました」

愛海ちゃんのただならぬ様子に、慌てた正さんは、再びメールを打った。

「あみないてよ」

焦っていたため、正さんは文字を打ち間違えていた。それを見た久美さんは、

「愛海が泣いて、パパも手を焼いてるんだろうな。しょうがない、高台に行こう」

と、家を出ることにした。メールの受信時間は午後三時一三分。津波が押し寄せる八分前だった。

だが、久美さんはすぐには避難したわけではなかった。万が一、家に戻って来られなかった時のことを考えて、数日分のエサと水を鳥かごの中に入れ、ようやく避難道路に向かった。焦る気持ちは全くなかったと言う。

久美さんの姿を見つけて、駆け寄った愛海ちゃん。ほっとした直後、堤防を越えた大津波が町に押し寄せた。愛海ちゃんたちの家は、二階の天井まで津波にのまれた。もし久美

さんが家を出るのがあと数分遅ければ、津波に巻き込まれいのちを落としていただろう。まさに間一髪で難を逃れたのだ。

「生死というのはちょっとの差なんだべね。愛海がいなかったら、たぶんみんな避難道路に上がってないこったね。大人だけだったら逃げてなかったっていうことは確かですね」

と、祖母の富美子さんは言う。

「あの日、もし愛海が短縮授業じゃなかったら、たぶんみんな逃げなくて死んでたと思うよ」と言う愛海ちゃんの言葉に、「本当だね」と家族全員うなずいていた。

それにしても、なぜ愛海ちゃんは、大人たちの「逃げなくても大丈夫」という言葉に惑わされることなく、「避難しよう」と訴え続けることができたのだろうか。愛海ちゃんに尋ねると、「ある映像」を思い出したからだと言う。

それは学校の防災授業で見た二〇〇四年のインド洋大津波の映像だった。

最初は足もとぐらいの高さだった津波が、あっという間に濁流となって市街地へと押し寄せた。釜石小学校では、津波の破壊力を学ぶための教材として、この映像を子どもたちに見せていた。

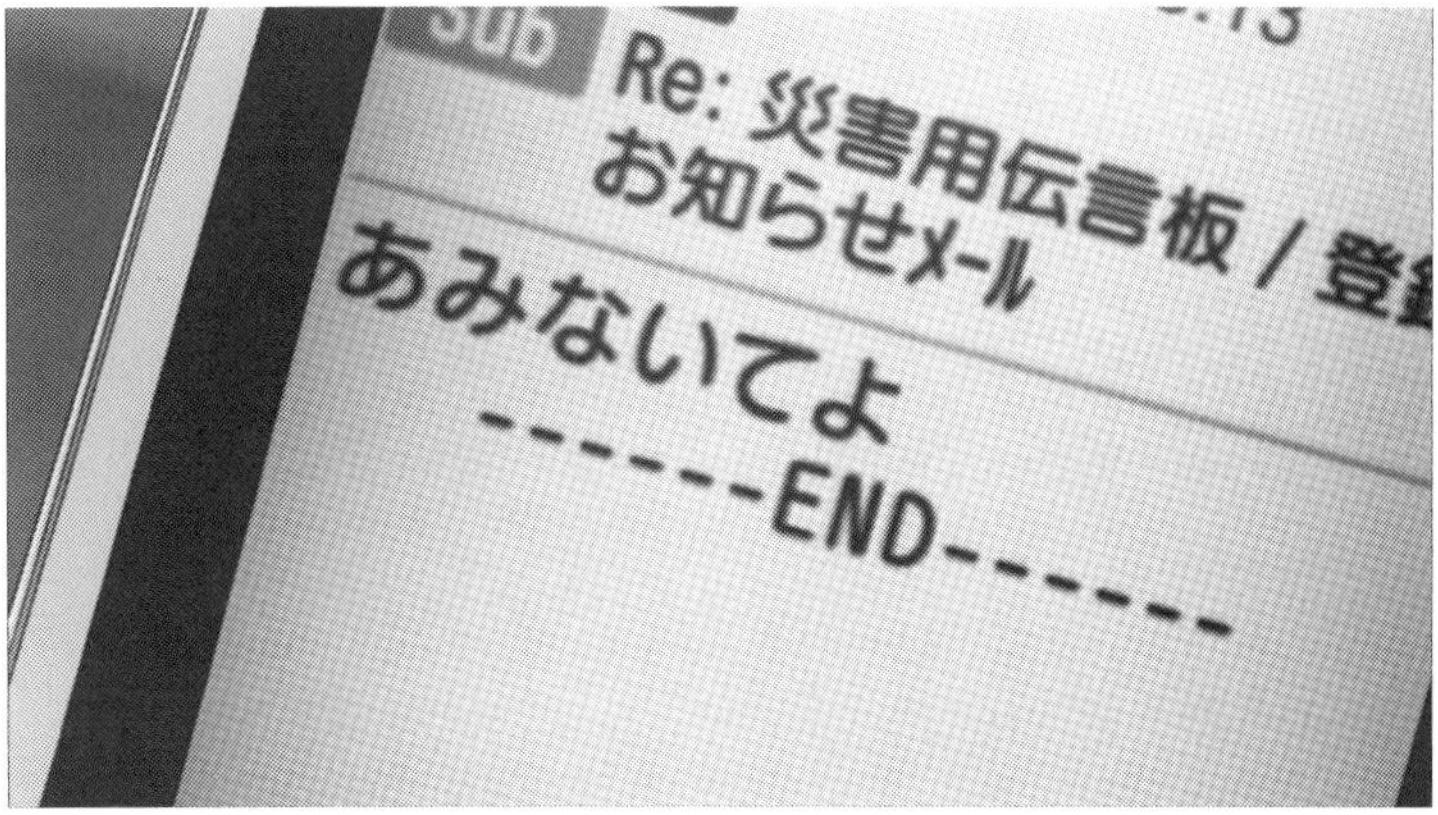

愛海ちゃんの両親が交わしたメール

「津波が家を壊しているところとか、車に人が二人乗ってて、その人たちが車ごと流されているのとか映ってて、すごい迫力だった。津波が引いた後は、がれきが山積みになってて。あぁ、津波の時はこんな感じになるんだなって思った。そういう勉強したのが頭の片隅に入ってて、それをあの日、発揮したみたいな感じ。だから、逃げなきゃ死んじゃうって思いました」

子どもたちが見た映像を私たちも見せてもらったが、津波の恐ろしさを生々しく伝える内容だった。こうした映像を、子どもに見せることには賛否があるかと思うが、愛海ちゃんの場合は、映像を見たことがよい結果につながったことは間違いない。

学校で学んだことを生かして、家族のいのちを守れたことを、愛海ちゃんはとても誇らしく思っているそうだ。そして、震災後、自分の性格が少し変わったように感じている。

「震災の前は、自分の思いを全く伝えられなかったんだけど、震災の時は、なぜか自分の思いが自然と伝えられて、それで家族が助かったからよかったです。今は、友だちにもちょっとだけど言い返すことができるようになりました。震災で、少し強くなれたように思います」

はにかみながら、愛海ちゃんはそんなふうに話してくれた。

当時四年生だった玉田駿佑《しゅんすけ》くんも家族のいのちを救った男の子だ。

インタビューの途中で、緊張のあまりおなかが痛くなってしまうような、内気で恥ずかしがり屋の駿介くん。祖母の由美さん(五八)が病気が原因で、ほとんど目が見えないため、出かける時はいつも駿佑くんが付きそっている。スーパーへ夕食の買い物に行く様子を取材させてもらったのだが、「今日は、何を買う?」「お買い得は黒豚切り落とし。三二〇円。一〇%オフだよ」などと伝える姿がほほえましかった。

玉田駿佑くんと祖母・由美さん

駿佑くんの祖父・信広さん(五六)は、釜石の中心部にあった商店街で、仏壇店を経営していた。地震の時、駿佑くんはその仏壇店で信広さんと由美さんの三人で過ごしていた。

揺れを感じて、急いで由美さんとテーブルの下に隠れた駿佑くんは、揺れが収まる前から、「逃げよう、早く逃げよう」と言い続けた。その時の駿佑くんの口調を、由美さんは今もはっきりと覚えている。

「聞いたことのないような声でした。お願いするから逃げてちょうだいっていうような、真剣な声だったんです。たいへんなことが起こるっていうような、切羽詰まった言い方でした」

それでも由美さんは、逃げるつもりは全くなかった。これまで長年、釜石で暮らしてきたが、大雨が降って店の中まで水が入ってきたことはあっても、津波の被害を受けたことなど一度もなかったからだ。信広さんも逃げるつもりはなく、揺れが収まると店の中の片付けを始めた。

自分の言葉に全く耳を傾けてくれない二人。それでも駿佑くんは諦めなかった。

「二日前に大きな地震があって、その時に、『今度、大きな地震があったら逃げろ』って先生に言われたことを思い出しました。逃げようっていうことに、おじいちゃんもおばあちゃんもあんまり賛成しない感じだったけど、何回も何回も言いました。そしたら、おばあちゃんのほうが、じゃあ逃げっぺしということになったので、すごくほっとしました」

普段は物静かで、自分の意見を主張することなどない駿佑くんが、何度も何度も訴えるのを聞いて、由美さんも「本当に危ないのかもしれない」と思い始めたそうだ。そして片付けをしていた信広さんに「念のため避難しよう」と声をかけた。

「私たちが逃げない限り、この人（駿佑）も逃げない。もし津波が来て、この人を殺すようなことになったらたいへんだと、おじいさんに言ったんです」

由美さんの言葉を聞いた信広さんは、「それもそうだなぁ」と思い、高台へ向かうことにした。それでも、急ぐつもりはなく、「おれは店のシャッターを下ろしてから行く」と伝え、二人を先に避難させた。

由美さんを連れて外へ出た駿佑くんは、どこへ逃げるべきか迷ってしまった。最初に思いついた避難場所は、釜石小学校だ。海抜が高くて安心だが、店から学校までは、歩いて一〇分ほどかかってしまう。自分一人なら走っていけるが、目が悪い由美さんはゆっくりとしか歩けない。津波が来るまでに辿りつけないいんじゃないだろうか……。そう案じたのだ。

学校で教わった避難場所をいくつか思いめぐらした結果、海抜はそれほど高くないが、近い場所にあるお寺へ向かうことにした。心の中では、「津波が来るかもしれない。早く逃げなくちゃ！」と焦りを募らせていた駿佑くんだが、自分たちの状況を冷静に分析し、判断したのだ。

逃げる間も、大きな余震がずっと続いていた。駐車していたトラックや電信柱が大きく揺れるたび、駿佑くんは「おばあちゃんを助けなきゃ」と、由美さんをかばったそうだ。

「駿佑はずっと私のそばにいてくれました。子どもだから、自分一人で走って逃げてもおかしくないのにね。ずっと私のそばにくっついて、背中を優しく押してくれました」

お寺の近くまで来た時、二人を追いかけてきた信広さんと合流することができた。そして、駿佑くんと信広さんで、由美さんの手を引いてお寺へと続く階段を上がりきるのとほぼ同時に、大津波が押し寄せてきた。さっきまでいた仏壇店も、歩いてきた道も、瞬く間にのみ込まれてしまった。もし小学校へ向かっていたら、おそらく三人とも途中で巻き込まれていただろう。

「あの日から時間がたてばたつほど、駿佑がいたから私たちは今ここにいるんだって肝に銘じてます。学校で習ったことを素直に受け止めて、私たちにそれを伝えてくれたんですから。まだ子どもなのに、必死で私たちを助けようという気持ちがね、ほんとにありがたいです。自分の孫だけど、ほんとにこういう人間になってくれてよかったと思います」

と由美さんは話す。

震災から一〇カ月が過ぎた二〇一二年一月、防災教育に取り組む学校を顕彰する「ぼうさい甲子園」（兵庫県など主催）で、釜石小学校は小学生の部の大賞に選ばれた。そして授賞式という晴れ舞台で、駿佑くんは学校を代表して、震災の体験を発表することになった。

震災前の駿佑くんならば、大勢の人を前に自分の思いを伝えることなどとても考えられなかった。だが、当日は、テレビや新聞などのカメラが並ぶ前で、大きな声ではっきりと自分の思いを伝えた。

「あの日、ぼくは家や車が流されるのを見ました。もう少しのんびりしていたら間に合わなかったので、急いで逃げることができてよかったです。

自分のいのち、祖父母のいのち、みんなのいのちを守れてよかったです。これからもいのちを大切にしていきます」

CASE 3 お母さんを待たずに一人で行動した大喜くん

釜石小学校では、両親ともにフルタイムで働いているという家庭が多い。そのため、震災が発生した時には、家で一人でお留守番していた子も珍しくなかった。長瀬大喜《だいき》くん（小三）もそうだった。

三人兄弟の末っ子の大喜くんは、家族の愛情をたっぷり受けて育った男の子だ。お母さんが大好きで、夜もお母さんと一緒に寝たいという甘えっ子。お母さんの裕子《ゆうこ》さん（五〇）によると、

「本人は『中学生になったら、お母さん離れしようかなぁ』なんて言ってますが、どうでしょうかね（笑）。大喜はどこまでもマイペースな子なんです。マイペースすぎて、自分が集中していると、他人の話が聞こえないってこともよくあります」

確かに大喜くんはマイペースだ。取材に伺った日は、「新聞をつくる」という宿題をするため、資料となる本を読んでいたが、本に集中しすぎて、肝心の新聞はついに完成せず、裕子さんにこっぴどく叱られていた。

大喜くんの家は、海から五〇〇メートルほど離れたところにある。自宅は、一家が経営するビジネスホテルが隣接している。朝食と夕食には、裕子さんの手料理がつく人気のホテルだ。そのため、裕子さんも夫の一博さん（四九）も、日中はほとんど家にいない。三

長瀬大喜くんと母・裕子さん

月一一日も、大喜くんは学校から帰ってきた後、家で一人で過ごしていた。一番上の兄の幸太郎くん（中二）は、まだ学校から帰って来ておらず、次男の明大《あきひろ》くん（小五）は、友だちの家に遊びに行っていた。

「今なら一人で思う存分ゲームができるぞ！」と、居間のテレビにゲーム機を接続しようとした時、大喜くんは大きな揺れを感じた。

急いでそばにあったちゃぶ台の下に隠れようとしたが、畳と机の間の幅が狭くて頭が入らなかった。慌てて隣の寝室に行き、ふとんをひっぱり出して頭を隠し、揺れが収まるのを待った。

居間では仏壇が倒れ、台所からは食器が割れるすさまじい音が聞こえてきた。大喜くんは、ふとんの中で耳を押さえ、必死に耐えた。

揺れが収まりふとんから出てみると、部屋の中は足の踏み場もないほどめちゃくちゃになっていた。準備をしていたゲーム機は、仏壇の下敷きになり、バラバラに壊れてしまった。廊下の棚には、お母さん手作りの梅酒の瓶が置いてあったが、すべて落ちて割れ、中身が散乱していた。

「どうしよう……」

大喜くんは迷った。自分のことを心配して、お母さんが帰ってくるかもしれない。だから、このまま家で待っていればいいんじゃないか。それともぼくのほうからお母さんに連絡したほうがいいんだろうか。もしかしたら、ホテルの食堂で、夕食の準備をしているかもしれない。でも、いつもはこの時間は買い出しに出ているし……。

これまで経験したことのない揺れに、大喜くんは動揺していた。まだ小学校三年生の男の子がたった一人であの揺れを経験したのだから、無理ないことだ。

しかしその時、大喜くんは、学校の防災授業の時間に、先生が言っていたことを思い出した。

「地震の後は津波が来るかもしれません。津波の威力はすさまじいから、子どもはすぐに流されてしまいます。だから、素早く避難しなくてはいけませんよ」

先生は何度もそう繰り返していた。

「ぼくは地震でパニック状態になっていて、電話しようと思っていたけど、どこにかければいいかわからなくて、とにかくお母さんがいそうなところに、ただやみくもに電話をしてみようと思いました。でも、そうしている間に時間がたって、電話をかけている最中に津波にのまれて死ぬかもしれないと思いました」

大喜くんは、もう一つ、学校で習った大事な教えを思い出した。

「先生たちから、『自分の身は自分で守れ』みたいなことをずっと言われてたんで。お父さんやお母さんのことを考えないで、まず自分一人でも生きのびろって言われてたんで、一人で行動しようと思いました」

このままお母さんを待っていちゃいけない！と考えた大喜くんは、急いで家を出ることにした。

玄関へ通じる廊下は割れた瓶とこぼれた梅酒が散乱していた。それを「えいっ！」と飛び越え、急いで靴を履いた。そして、避難場所となっている「青葉公園」へと向かった。

お母さんの裕子さんはこの時どこにいたのだろうか。

実は大喜くんのすぐそばで仕事をしていた。ホテルの食堂で、朝食用のパンを焼いていたのだ。

強く長い揺れの中、裕子さんは、三人の子どもたちがいる場所を、思いめぐらせていた。

「時計を見たら、中学生のお兄ちゃんはまだ帰りの会の時間なので、先生がなんとかしてくれるから大丈夫だと思って。あっき（次男）は、浜のほうの友だちの家に行くって言ってたんですが、たぶん誰かが逃がしてくれるか、みんなで逃げているからなんとかなるだろうと。でも大喜の予定は何も聞いていなかったので、どこにいるのか全然わかりませんでした。一体どこに行ったんだろうって……」

裕子さんは、大喜くんが一人で家にいるとは思いもしなかったそうだ。

こうした状況の場合、ほとんどのお母さん方は子どもを捜しに行くだろう。だが、裕子さんは違った。

「どうしようって思いました。でも、まず自分が逃げないと、って思って。子どもたちが生きてても、私が死んでしまったらどうしようもないですよね。だから、とりあえず自分が逃げる。きっと大喜も逃げているだろう。大喜は大喜で大丈夫なはずだから、私も逃げる。生きていれば必ず会える。落ち着いてから捜しに行こうって、そう思いました」

裕子さんは、「大喜は必ず避難している」と、我が子を信じたのだ。

ガスの火を消し、ホテルを出て、急いで避難場所の青葉公園に向かった裕子さん。そこで、次男の明大くん、夫の一博さんと合流できた。そして、家から走ってきた大喜くんとも、無事に落ち合うことができた。

その後、大津波は青葉公園にまで押し寄せたが、長瀬一家はみんなで走って高台へと避難し、無事だった。もし地震の後、避難せずに大喜くんを捜しに行っていたら、裕子さんは大津波に巻き込まれ、二度と家族には会えなかっただろう。

これまで何度も津波の被害を受けてきた東北地方には、「津波てんでんこ」という言葉が残されている。「津波の時は家族のことを気にせず、てんでんばらばらに逃げろ」という教えだ。

といっても、「子どもをほったらかして、一人で逃げることなんてできない」というのが多くの親の思いだろう。だが、釜石小学校では、長瀬さんのように、子どもがどこにいるのか捜さずに避難したという保護者が少なくない。小学校五年生の娘を家において買い物に出かけていたが、「ウチの子は逃げている」と信じて、家には戻らず、直接、避難場所へ向かったお母さんもいる。

子どもたちのほうも、「お母さん、お父さんは絶対に逃げている」と信じていた。大喜くんに「ご両親のことは心配じゃなかったの？」と尋ねたところ、「お父さんやお母さんは、自分のいのちは自分で守ると思った」と答えていた。

三章で詳しくご紹介するが、釜石市で防災教育を指導してきた群馬大学の片田敏孝教授は、NHKスペシャル「釜石の〝奇跡〟 いのちを守る特別授業」の中で、「津波てんでんこ」について次のように解説してくれた。

「津波の時、親は子どものことを放っておいて逃げなさい、年老いたおじいちゃんおばあちゃんのことを放っておいて逃げなさい、つまり、『津波てんでんこ』っていうのは、家族の絆なんか切っちゃいなさいというふうに聞こえますよね。

でも、ぼくはそういう意味ではないと思うんです。一人ひとりが自分のいのちを守ること、そしてそれを家族が互いに信じあうこと、家族の絆を切るのではなく、むしろ深い絆で信頼しあっているからこそ、いのちを守り抜けるということを伝えているんだと思うんです。

東北地方は、親が子を助けに行ったり、お年寄りを助けに行ったりして、一家全員、地域全体が犠牲になってしまうという悲しい歴史を繰り返してきました。それを防ぐためにどうすればいいか考え抜いた結果、津波の時はてんでんこできるような家庭であれ、そういう信頼関係を平時に築いておきなさいと、そういうことを先人は教えてくれていると思うんです」

あの日、避難していると互いを信じあった大喜くんと裕子さん。長瀬親子はまさに「津波てんでんこ」の教えを実践していたのだ。

「地震の後は、親を待つより一人で逃げろって言いたい。地震は明日来るかもわかんないし、何年後来るかわかんない。一人で逃げるとか、どこに逃げるとか、家族で話し合ったりしておいたほうがいいと思います」

今回の震災を経験して、大喜くんは、全国の子どもたちとその両親に、そう伝えたいそうだ。

CASE 4 咄嗟に友達思いの行動をした一輝くんと州くん

釜石小学校の児童を取材するにあたって、私たちは、子どもたちから話を聞く前に、まず保護者と会うことにしていた。取材の許諾を得るとともに、子どもたちの家庭での様子を教えてもらった。

「いつも宿題を忘れて叱ってばっかりなんです」

「ボーッとして、まだまだ子どもなので、取材にちゃんと受け答えできるかわかりませんが……」

謙遜とはいえ、我が子への評価はどの親御さんもかなり厳しかった。子どもから話を聞きたいと思っているのに、こちらの質問に、子どもより大人のほうが先に答えてしまうこともたびたびあった。どうも親御さんたちは、子どものことをあまり信用していないようだ。

一方、子どものほうも、親が一緒にいると、甘えてしまって自分で考えて答えようとしなかった。そのため、インタビューの際は、親と子と必ず別々に話を聞くというスタイルをとったのだが、親から離れた子どもたちは、普段の様子からはとても想像できないようなたくましい一面を見せてくれた。

澤田一輝《かずき》くん（小六）と小笠原州《しゅう》くん（小六）もそうだった。

あの日、二人は、クラスの友だちも交えて、州くんの家でゲームをする約束をしていた。自転車に乗って一輝くんが州くんの家に向かっている時、地震が起きた。強く長い揺れの中、一輝くんは、とにかく州くんたちのもとに辿りつこうと、必死でペダルをこいだそうだ。「ぐらぐらはしたけれど、なんとか自転車はこげました」と、一輝くんは話す。

州くんの家には、州くんの弟の青《あお》くん（小一）の友だちも遊びにきており、六年生と一年生あわせて一〇人ほどの子どもたちがいた。一輝くんが到着すると、みんな強がって平静を装ってはいたが、内心は違っていたようだ。

「みんな震えてました。笑いながら、震えてました。足ががくがくしてましたよ。普通の表情でしたけど、みんな震えてました」

そういう一輝くん自身も、怖くて震えていたそうだ。

州くんの家は海のすぐそばにあった。外に出てきた子どもたちは、「津波が来るかもしれないから逃げよう」と、一番近い避難場所へ避難することにした。州くんの家は会社を経営していて、自宅に事務所が併設されていたが、子どもたちだけで先に逃げることになった。

しかしこの時、子どもたちはある問題に直面した。州くんの家から一番近い避難場所までは、およそ四〇〇メートル。ゆるい坂道が続いている。少しでも早く避難場所へ行くためには、自転車で行ったほうがいい。だが、六年生はみんな州くんの家まで自転車に乗ってきていたが、一年生は歩いてきていた。釜石小学校では交通事故を防ぐため、一年生は公道で自転車に乗ってはいけないという決まりになっていたのだ。

「おい、一年生は自転車ないぞ!」

「どうやって連れていこうか……」

悩んだ子どもたちだが、誰からともなく「みんなで走っていこう!」と声があがり、全員その意見に賛成した。

澤田一輝くん（左）と小笠原州くん（右）

この時、一輝くんだけは、仲間たちとは異なる問題も抱えていた。

実は一輝くんには生まれながら右足に障害があり、義足をつけていた。普段は体育の授業にも参加しているし、少年野球チームにも所属して活発に過ごしているが、走ることに関してはどうしてもハンデがあった。さらに、ひと月ほど前に足の手術を受けたばかりで、痛みもまだ残っていた。

それでも一輝くんは、「自転車で逃げよう」とは言わなかった。小さな子をほったらかして、自分だけ先に逃げるような卑怯なことはできないと思ったからだ。

結局、六年生が列の先頭と後ろに回り、その間に一年生を挟み込む形で避難することにした。

「一年生は歩幅がちっちゃいから置き去りになってしまわないようにっていうのと、家の中に置いてきたゲームを取りに行きたいって言う子がいたから、戻らないように見ていなくちゃと思って」

と説明する一輝くん。自分は列の一番後ろからついていくことにした。

大通りに出ると、地震による停電のため信号が消えていた。避難する車が行き交い、道路が渡れなかった。子どもたちのことに気づかないのか、誰も止まろうとしてくれない。六年生が懸命に手を振って合図したところ、やっと一台の車が止まってくれた。急いで横断し、「津波が来るから急げ！」と声をかけ、避難場所に向かって走り出した。

しかし、道路を渡ったあたりから、一輝くんはしだいにみんなから遅れていった。手術した右足が痛み出したのだ。

「信号渡って、がんばって走ろうとしたんですけど、走りになってなくて。あぁ、津波が来る、もう間に合わないんじゃないか、もうここでいのちが終わるんじゃないかって思ってました」

みんなとの距離が開いていくばかりだった。そんな一輝くんの様子に気づいたのが、前を走っていた州くんだった。

二人は、幼稚園の時からの幼なじみだ。明るく、ムードメーカーの一輝くんに対して、州くんは無口な男の子。お母さんの重子さんによると、「家でもほとんどしゃべらないんですよ。今日学校で何があったのって聞いても、うんって言うだけで、何も言わないんです」

友だちの間でも「クールな州」と呼ばれるほど、州くんは口数が少なく、自分の考えをあまり言わない男の子だった。

対照的な性格の二人だが、気が合い、よく一緒に遊んでいたそうだ。州くんは一輝くんが足の手術をしたばかりだったことや、走るにはまだ無理があることをわかっていた。そして、一輝くんが、他の誰よりも負けず嫌いだということも知っていた。

一輝くんの前を走っていた州くんは、急に立ち止まった。そして、その場にしゃがむと何も言わず、一輝くんのほうに背中を見せた。一輝くんは州くんが何をしようとしているのかわからなかったが、やがて「おぶっていく」と言いたいのだと気づいた。

「自分で走っていけるからいいよ！」

一輝くんはすぐに断った。

この話を聞いた時、私は、一輝くんがおぶってもらうのが恥ずかしくて断ったのだと思っていた。六年生の男の子といえば、強がりたい年頃だ。仲間の前で助けを求めるのが嫌だったのだろうと思っていた。

しかし、一輝くんが断ったのは、そんな理由ではなかった。

「もし今大津波が来たら、おれだけじゃなく、州も巻き添え食らっちゃうんで、それは困ると思って断ったんです」

自分のせいで州くんを危険な目にあわせてはいけない……。友だちの身を案じて、一輝くんは断っていたのだ。

それでも州くんは背中を見せ続けた。

「いいから！」

と少し怒ったような声で一輝くんを促した。

一輝くんは迷ったが、それ以上は何も言わず、州くんの背中に乗った。

「最初は『自分で走る』って言ったんだけど、『いいから』って言われて。じゃ、よろしくって思って……。あのとき、ぼくは州に自分のいのちを預けました。あとはもう何も考えず、ずっと黙っておぶってもらいました」

一輝くんをおぶった州くんは、避難場所まで残り一〇〇メートルほどの距離を全力で走った。

その後、大津波は避難場所のすぐ近くまで押し寄せたが、子どもたちは全員無事だった。


震災から一年後、州くんに一輝くんをおぶった時のことを尋ねてみたが、さすがはクールな州くん、「一輝が遅れてたから」と言うだけで、それ以上は何も答えてくれなかった。

母親の重子さんも、震災からしばらくたって、次男の青くんから、「お兄ちゃん、一輝くんをおぶって走ったんだよ」と聞くまで、この事実は全く知らなかったそうだ。

「州がそんなことをしていたなんて。我が子ながらびっくりしました」

と話す。

一輝くんにとっても、あの日の州くんの行動はちょっと意外だったようだ。

「州は、どっちかっていうとクールなほうなんで、まさか助けてくれるとは思ってなかったです。こんなこと言うのはちょっと照れるけど、いざという時にいのちを預けられる友だちがいて、ほんとによかったなと思います」

そして、一輝くんはこう続けた。

「釜石小の子どもが全員助かったのは、一人じゃなかったことも大きいと思う。自分一人だったら、いのちが危なかった子も多かったんじゃないかな。

もし将来、州に何か困ったことがあったら絶対に助けたいって思います。州だけじゃなく、他にも困っている友だちがいたら絶対に助けるつもりです」

危機の中、互いのいのちを思いあった一輝くんと州くん。

子どもたちの中には、大人が想像できないような強さと優しさがあるのだと教えてくれた。

CASE 5 あえて〝避難しない〟ことを選んだ兄弟

釜石小学校の子どもたちは、全員が、迅速に的確な行動をとれたわけではなかった。中には逃げるべきかどうか迷い、避難が遅れてしまった子どもたちもいた。

しかし、間一髪でいのちを守ることができたのは、やはり防災教育で身につけた知識だった。

長谷川葵《あおい》くん（小六）と永志《えいし》くん（小二）。恥ずかしがり屋の二人は、取材中は口数が少なかったが、私たちが帰る時には必ず外まで見送りに来てくれる、礼儀正しい兄弟だ。

震災前、二人の家は、海から二〇〇メートルほど離れたところにあった。一階は倉庫のようになっており、二階が住居、三階は屋上となっていた。

あの日、下校した後、葵くんと永志くんは、二階の居間でゲームをしていた。両親はともに仕事に出かけ、長女の梨乃《りの》ちゃん（小四）は、近くの友だちの家に遊びに行っていた。一緒に暮らしていた祖母も留守だった。

揺れを感じた二人は、すぐにテーブルの下に隠れた。長い揺れが収まると、大事にしていたゲームやおもちゃなどをカバンに詰め、逃げる準備を始めたそうだ。

兄の葵くんは、どこに避難しようか迷っていた。学校では、「地震の後はすぐに高台へ避難しなさい」と教わっていたが、実は数日前、長谷川家では津波の時の避難場所について家族で話し合っていたのだ。父親の準さん（四三）に、その時の話の内容を聞いた。

「ウチのおじいちゃんとおばあちゃんは、昔の津波の教えを引きついでいたので、とにかく地震が怖いんじゃなくて地震の後の津波が怖いんだよと、だからすぐに避難しなくちゃいけないよとよく言ってました。だから我が家では、津波の時にどう避難するか、ちょくちょく話し合っていたんです。ウチの家は鉄筋コンクリートで頑丈なので、少しぐらいの津波だったら屋上に上がれと、子どもたちには言ってました」

長谷川家から一番近い避難場所である「避難道路」までは、歩いて二〜三分ほどかかる。どちらに逃げるべきか、状況を見ながらよく考えなさいと話していたそうだ。こうした経緯もあり、葵くんは屋上に逃げるべきなのか、それとも避難道路へ向かうべきか迷ってしまったのだ。

しかし、地震から三〇分ほどたった頃、弟の永志くんが、

「兄ちゃん、避難道路へ行こうよ……」

と言い出した。避難を呼びかけるサイレンが鳴り響き、ただならぬ雰囲気だったため、「大人がいる場所に行きたい」と思ったのだ。

葵くんも不安になり、

「よし、避難道路へ行こう」

と決めた。

靴を履き、急いで外へ出た二人。だが、この時、驚くような光景を目にした。道路には、すでに水が流れてきていたのだ。

「早く逃げよう！」

慌てて走り出そうとする永志くん。しかし葵くんは、そんな永志くんを呼び止めた。

「待て、永志！」

葵くんはこの時、学校の防災授業で習った「あること」を思い出したのだ。

釜石小学校では、津波の威力を教えるため、港湾空港技術研究所が作成した実験映像を子どもたちに見せていた。高さ五〇センチほどの津波が、大人の男性を簡単に押し流してしまうことを示した映像だ。映像を見た子どもたちは、「ひざの高さの津波でも、流されてしまう」と学んでいた。

「永志、屋上に上がれ！」

「なんで？　早く避難道路に逃げようよ！」

「いや、屋上に行くんだ！」

道路に流れる水量はまだそれほどではなかった。しかし、これ以上、水かさが増せば、小さい永志くんは流されてしまう——。そう判断した葵くんは、自宅の屋上へ逃げるという選択をしたのだ。

屋上からは避難道路に集まっていた人たちの姿が見えた。

「おれ、あっちに行きたい！」

涙声で訴える永志くん。しかし、

「だめだ！　ここにいたほうが安全だ！」

と葵くんは決して譲らなかった。

しばらくすると、水かさはいっきに増し、高さ六メートルの大津波となって町をのみ込んだ。葵くんは永志くんを守るように覆いかぶさり、屋上の柵につかまって、流されないよう必死で耐えた。

この時、屋上の二人の姿は、偶然、ＮＨＫのカメラにとらえられていた。

その日の夜。仕事場から駆けつけた父の準さんは、学校、病院、避難所をかけ回って、子どもたちの姿を探し求めた。長女の梨乃ちゃんとは、避難所で再会することができた。同級生の家で遊んでいた梨乃ちゃんは、友だちと一緒に避難道路へと逃げて難を逃れていた。梨乃ちゃんから「避難道路から、お兄ちゃんと永志が屋上にいるのを見た」と聞いた準さんは、急いで自宅へ向かった。

時間は午後一〇時を過ぎていたが、まだ水は引いていなかった。真っ暗闇の中、腰まで水につかりながら家を目指した準さん。あの大津波を子どもだけで生き抜くことができたんだろうか……。準さんは、最悪の事態を覚悟していた。

自宅の前に着いたが、人影は全くなかった。

「葵！　永志！」

叫んだが、返事はなかった。

「葵！　永志！　いたら返事しろ！」

やはり返事はない。家に近づき、もう一度、大声で二人の名前を呼んだ。

「葵！　永志！」

「お父さん……！」

三度目の呼びかけで、屋上のほうから、かすかに子どもたちの声が聞こえてきた。

「上にいるのか？　今行くから待ってろ！」

階段を駆け上がった準さん。屋上の一角にあった納屋の扉をあけると、そこで葵くんと永志くんが肩を寄せあっていた。

「二人とも小学校のジャージしか着てなかったんで震えてました。葵は納屋の中に干してあった洗濯物を全部、永志にかけて、寒さから守ろうとしていました」

二人とも、屋上まで押し寄せた津波で、足がぐっしょりと濡れていた。葵くんは寒さに震えながらも、そこにあるだけの乾いた洗濯物を永志くんにかけて、懸命に暖めていたそうだ。子どもたちを準さんは強く抱きしめた。

「九割がた死んでんじゃないかなと思って、家に向かって行きました。自分の息子たちの遺体を抱きかかえんのかなって覚悟してきたんです。生きててほんとよかった。もうそれだけです。子どもたちが無事だったのは、学校の防災教育のおかげだと思っています」

震災からしばらくの間は、葵くんも永志くんも、当時の出来事を準さんたちに説明していたが、しだいにあまり話したがらなくなったそうだ。

NHKのカメラにとらえられていた長谷川兄弟の姿

父の長谷川準さん

「あの時の話はいいよ、もうやだって、話を拒否する時期もあったし、そうかと思うとポッと言う時期もあったし。子どもたちの心境にも波があるんでしょうね。でも、これ現実だから。夢なんかじゃないし、起きてしまったことから逃げることはできない。前に進むためには、もう何年スパンという長さで、子どもたちの心と向き合ってかなくちゃいけないと思ってます。

でもね、子どもがいるだけですごい希望です。ウチら親がしっかり支えていかなくちゃいけないし、まずはウチら大人ががんばんないとね。釜石の復興にもまだまだ時間がかかりますけど、津波を生き抜いてくれた子どもらのためにも、負けらんないです。下を向いている暇はないです」

準さんは、そう思いを語ってくれた。

CASE 6 大人顔負けの判断力を見せた釣りグループ

あの日、短縮授業のため早めに下校した一八四人の子どもたち。家でゲームをしたり、公園で野球をしたりと、思い思いの放課後を過ごしていた。そんな中、「最も危険な場所」

で遊んでいた子どもたちがいる。六年生の女の子七人、男の子二人の計九人のグループ。みんなで海で釣りをしていたのだ。

「震災の一週間ほど前に釣りをしたら楽しくて。またみんなで行こうということになって。で、三月一一日も海に来たんです」

そう話すのは寺崎幸季《ゆき》さん（小六）。お笑い番組が大好きで、彼女自身もいつも周りを笑わせている、グループの盛り上げ役だ。

いつも一緒に遊んでいる仲良しグループなのだが、なかなか意見がまとまらず、ケンカになってしまうこともあるそうだ。取材の時も、それぞれ言い分があるようで、事実関係を確認するのにかなりの時間がかかった。「遊ぶ時間を決めるのでさえ、いつも大騒ぎなんです」と幸季さんは言う。

そんな九人だが、あの日は違った。互いの意見に耳を傾け、的確に状況を判断し、みんなで一緒に避難していのちを守ることができたのだ。

三月一一日、海に到着した九人は、バケツに水をくんだり、釣りざおにエサをつけたりと、それぞれ準備を始めた。そして海に糸を垂らすと、すぐに何かが釣れたように感じたそうだ。だがそれは魚がかかったのではなく、地震の揺れだった。

幸季さんの親友、砂金珠里《いさごじゅり》さんは当時のことをこう話す。

「最初は地面が揺れるっていうよりも、海の波が跳ね返ってくるみたいな、コップの中でぴちゃぴちゃ水が揺れてるような感じでした。それがだんだん大きくなって。誰かが『海から離れなきゃだめだ!』って言って、急いで堤防の外にあった駐車場のほうへ逃げました」

子どもたちが釣りをしていた場所のすぐそばには、海上保安庁釜石支部のビルがあった。子どもたちは海保の駐車場へと走っていき、しゃがんで手で頭を守った。

「学校で避難訓練とかあったけど、地震なんてほんとに来るとは思ってなかったから、全然まじめに受けてませんでした。でも、上から物が降ってくるかもしれないと言われたことは覚えていたので、しゃがんで頭を守りました。海上保安庁のビルがすごく揺れていて、それから窓ガラスも割れそうになっていたり、階段もガーッて動いて。私たちの目の前の地面がバババババッて割れて……。すごく怖くて、みんなキャーキャー叫び声をあげていました」

地震の揺れに強い恐怖を感じた珠里さんは、当時の状況を鮮明に記憶していた。

この時、子どもたちの姿を見ていた人がいた。当時、釜石海上保安部警備救難課に所属していた奥山隆一課長だ。海上保安部のビルの四階にいた奥山さんは、叫び声が聞こえたので急いで窓をあけたそうだ。

「なんでこんなところに子どもがいるんだ！とびっくりしました。地震におびえて泣いている子もいたようでした。そのうち揺れが収まってきたので、『海のそばは危ないから逃げなさい！』と声をかけました。子どもたちはうなずき、すぐに走っていきました。行動は素早かったので、子どもなのにたいしたもんだなぁと感心したのを覚えています」

海上保安部から五〇メートルほど離れた場所に、「市営ビル」と呼ばれる八階建てのビルがある。一〜三階までが事務所、その上が住居となっていて、釜石市はこのビルを津波の時に一時的に避難する「津波緊急避難ビル」に指定していた。子どもたちは、このビルを目指し走っていったのだ。

市営ビルの前には、ビルの中から外の様子を見に出て来た人や、近所の人たちが集まり始めていた。いつも家の人から、「子どもだけでいる時に何かあったら、大人がいるところに行って、一緒に行動しなさい」と言われていた珠里さんは、「大人がいて安心だから、ここにいよう」とみんなに提案した。

だが、その後、子どもたちは思わぬ事態に直面した。大人の指示に従い、避難しようと考えていたのに、肝心の大人たちがいっこうに避難しようとしなかったのだ。

「すごい揺れでしたね」

「怖かったですね」

など、のんびり立ち話をしているだけだった。

その様子を見て、子どもたちは迷い始めた。

「大人が避難しないってことは、津波なんて来ないんじゃない?」

「釣りざおを置いてきてしまったから、取りに戻ろう!」

いつものように、意見が対立してしまった。

友だちが言いあうのを聞きながら、幸季さんは、逃げる前に目にした海の異変を思い出していた。水が沖へと引き始めていたのだ。祖母からは、「海の水が引いたら必ず津波が来る」と教えられていたこともあり(※正確には水が引かなくても津波が来る場合もある)、

海上保安部警備救難課の奥山隆一課長（当時）

「あんなに大きな揺れで、水も引き始めていたから、絶対に津波は来る。ここにいたら危ない！」

と強く感じたと言う。

「大人もいるし、市営ビルにいれば安全かなと最初は思ったんだけど、大きな津波が来たら、ビルが壊れるかもしれないと心配になりました。壊れたら外に出られなくなって危ないなって。だから大人の指示を待たずに、別のところに逃げようって、みんなに言いました」

そう提案した幸季さんに対して、

「逃げるってどこへ？　大人がいるから、ここにいたほうが安全だよ！」

「家の人が心配するから、今のうちにみんな帰ったほうがいいんじゃない？」

子どもたちの意見はいっこうにまとまらなかった。

そんな中、声をあげたのが、常に成績が学年トップで、みんなから一目を置かれている山本洋佑《ようすけ》くんだった。

「そうだ、避難道路へ行こう！　このビルより高くて安全だよ。みんなで逃げよう！」

子どもたちがいた市営ビルから避難道路までは、走って行けば二～三分ほどで到着できる。洋佑くんは、「今なら津波が来る前に逃げ切れる」と考えた。

「大津波が来たら、市営ビルは孤立してしまって他に逃げ場がないけど、避難道路なら後ろが山なので、登ってさらに高いところにも逃げられます。そういうことをいろいろ考えて、避難道路のほうが安全だと判断しました」

普段は女の子たちのパワーに押され気味の洋佑くんだが、ここぞという時の存在感は絶大だった。

「大人と一緒に行動したほうが安全だ」と考えていた珠里さんも、洋佑くんの言葉に動かされ、避難道路へ向かうことにした。

「最初は大人に頼ればいいと思ってたんだけど、大人はずっと動かないままなんじゃないかなと思って。それよりも、洋佑くんが言うようにみんなと一緒に逃げたほうが安全だな

小6男女9人の釣りグループ

と思いました。それに、もしここでみんなと離れたら、もう一生会えないんじゃないかと不安になったんです」

意見がバラバラだった子どもたち。しかし、どうすることが正しいかを判断し、九人そろって避難道路へと向かった。

海上保安部のビルからは、奥山課長が子どもたちの様子を見守っていた。

「何人かの子どもが市営ビルに入っていくのが見えました。でも、しばらくすると外に出てきて、またみんなで走り出したんです。どうしたんだろうと、ちょっと心配になりました」

奥山さんに子どもたちの状況を説明し、「みんなで避難道路へ逃げよう」と判断したことを伝えた。
「そうですか。小学生がそんな判断をして逃げたんですね。あの状況では、大人でもなかなかできないことです。本当に立派な子どもたちですね」と感激していた。

子どもたちが避難するべきかどうか迷っていた市営ビルは、津波が二階の天上にまで浸水するという被害を受けた。震災後、釜石市はこのビルを緊急時の「津波避難ビル」の指定から外した。

もし子どもたちが、あのまま市営ビルに留まり続けたら、津波に巻き込まれていたかもしれない。津波の際、逃げる時間がない場合は、緊急的に避難ビルに上がることは的確な行動ではあるが、自分たちが置かれた状況を見極め、速やかにより安全な場所へ向かった子どもたちの行動は、まさに避難のお手本といえるだろう。

犠牲者ゼロの背景

ここまで釜石小学校の子どもたちの「あの日」について紹介してきた。子どもたちは、ただ走って逃げただけではなく、目の前の選択肢の中から最適なものを選びとって避難していたことが、おわかりいただけたのではないだろうか。

子どもたちが素早く避難できたと言うと、「子どもは経験が少なく、既成概念がないから、教えられた通りに素直に逃げることができるんだ」と決めつける大人が少なくない。

だが、子どもたちの取材をしていると、そんな単純な理由だけでは、一八四人の児童全員が助かることはなかったように思う。学校で津波の猛威がどれほどのものかを学び、どうすればいのちを守ることができるのか、きちんとした教育を受けていたからこそ、「犠牲者ゼロ」が実現できたのだ。

そして、釜石小学校が、特定のクラスや学年だけを対象に防災教育を行っていたのではなく、全校をあげて取り組んでいたという点も重要だ。五年生だった男の子は、両親のことが心配で、海の近くにある家に戻ろうとした。だが、一緒に遊んでいた友だちから、「家に戻ったら津波で死んじゃうんだぞ！　逃げなくちゃだめだ！」と大声で怒鳴られたそうだ。その剣幕に押され、一緒に避難場所へ向かったと言う。

逃げようとしない子どもや、小さな弟、妹に対して、別の子どもが、「一緒に逃げよう」と手をさしのべたからこそ、結果的に全員助かることができた。「もしあの時、一人でいたら、ぼくは家に戻って、流されていたと思います。友だちはぼくのいのちの恩人です」と、この男の子は話している。

一〇〇年先まで伝えたい

「子どもたちのあの日の体験を取材させてほしい」

震災発生からまだ日が浅い二〇一一年三月下旬、私たちは釜石小学校の加藤孔子《こうこ》校長（当時）にそう伝えた。

学校は避難所となっていて、運営の手伝いや学校再開に向けて、先生たちは机の前に座る時間もないほど多忙をきわめていた。そんな状況だったため、「おそらく断られるだろうな」と、覚悟の上でのお願いだったが、加藤校長は「今後も各地で自然災害が起きるかもしれません。これからの防災教育を考える上で、釜石小学校の子どもたちの経験が役に立つのならば」と、私たちを受け入れてくれた。この場を借りて、改めて心から感謝したい。

学校が再開する二〇一一年四月一九日、釜石小学校での取材が始まった。だが、当日は

釜石小の加藤孔子校長（当時）

ほとんどカメラを回すことができなかった。自分の家が流される様子を見ていたり、家族や親しい人を亡くしたりした子どもは少なくない。そんな子どもたちにカメラを向けていいのかどうか、わからなかった。

こんな場面があった。教室で元気に遊んでいたある女の子が近づいてきて、「これ見て」と通知簿を見せてくれた。「表紙に保護者の名前が書いてあるでしょ？　でも、この名前、変わるんだよ。津波で死んじゃったから」と伝えてきた。それだけ言うと、女の子は再び友だちのところへ戻って遊び始めた。私は何も言葉をかけることができなかった。

別の男の子は、私たちを日本地図の前につれていき、「ここが岩手県で、ここが釜石。ここからここまで津波でやられた」と淡々と説明し始めた。言いたいことが次から次にあふれ出てくるようで、話はしばらく終わらなかった。

子どもたちは、小さな心にどれほどの傷を負っているのだろうか。「あの日どのように避難したの？」などと尋ねていいものだろうか……。私たちは、何度も何度も話し合ったが、結論は出せなかった。

加藤校長に多忙な時間をぬって相談に乗っていただき、子どもたちに話を聞く前に、まず保護者に会ってみてはどうかとアドバイスをもらった。そこで、取材の趣旨を説明するとともに、子どもたちの普段の様子から、インタビューが可能かどうかを判断してもらうことにした。被災されてたいへんな思いをしておられたにもかかわらず、みなさん快く取材に協力してくださった。

実際に子どもたちの証言を記録し始めたのは、夏休みに入った二〇一一年七月下旬からだった。釜石小学校一八四人の児童の中で、当日、津波の浸水域にいた子どもは一〇〇名超。その半数ほどの子どもたちに話を聞かせてもらった。

取材を通じて驚いたことが一つある。篠原拓馬くんとのエピソードを紹介した時にも触れたが、多くの子どもたちが「あの日、津波を見てよかった」と異口同音に語ったのだ。

海で釣りをしていた子どもたちは、避難道路から町がのみ込まれる様子を見ていた。女の子の一人は、震災後、なぜ自分が生き残ったのか、なぜみんなに逃げろと言えなかったのかと自分自身を責め続け、幻聴に悩まされるようになった。しだいに彼女は夢と現実の区別がつかなくなり、自分の髪を抜くようになった。痛みを感じている時だけ、「生きている」と実感できたからだ。

そんな辛い日々を救ったのは、あの日、一緒に逃げた友だちだったと彼女は言う。学校が始まってみんなと再会し、震災のことを話す中で、しだいに心の落ち着きを取り戻すことができたそうだ。

そして今、彼女もまた「あの日、津波を見てよかった」と語っている。

「この目で見たことを、全国の人に伝えたい。地震が来たらすぐに逃げなくちゃだめなんだって、一〇〇年先の人にまで伝えたい。だからあの日、津波を見たことを後悔していません」

自分たちの経験を伝えたい。そしてもう誰も津波の犠牲になってほしくない。

子どもたちの強いメッセージを、是非読者の方々に受け止めていただきたい。

第二章

あの日、先生たちは

釜石小学校は高台にあるため、津波の被害は免れた。震災直前に、耐震工事も終えていたという幸運もあったため、地震の揺れにも大きな被害はなかった。児童も先生も全員無事、校舎も無事という状況ではあったものの、震災から学校再開までの道のりは決して平坦なものではなかった。

第一章では、子どもたちの「あの日」を見つめたが、この章では、先生たちの「あの日」を追った。そして、混乱の中で、先生たちはどのように学校を再開させたのか、震災で多くのものを失った子どもたちとどう向き合ったのかを取り上げる。

私たちが釜石小学校を取材したのは震災以降のことであるため、三月一一日のことや学校再開までの道のりについては、釜石小学校の加藤孝子校長がまとめた「東日本大震災～学校再開までの五〇日間～」と、教職員、児童、保護者らが記した「東日本大震災　釜石小学校記録集　いきいき生きる」を参考にさせていただいた。この二つの記録は、未曽有の被害に立ち向かった、先生たちの息づかいまでが伝わるような、「震災文学」としても読み応えのある内容だ。

「明日が最悪の日になりませんように」

三月一一日、釜石小学校は学年末の短縮授業だったため、校内には卒業式の準備をしていた数名の児童が残っていただけで、ほとんどの子どもたちは、午後の早い時間に下校し、先生たちの多くは職員室で事務作業にあたっていた。そんな中、午後二時四六分を迎えた。加藤校長はすぐさま校長室のガスストーブを消し、隣接する職員室へ入っていった。先生たちは、ただならぬ揺れに、誰もが青ざめていた。

午後二時五〇分、町中の防災無線が鳴り響いた。

「ただいま、岩手県沿岸に大津波警報が発表されました。高いところで三メートル以上の津波が予想されます。火の始末をし、海岸付近の方は近くの高台か避難場所に避難するよう指示します」

「津波が来る！」

職員室に緊張が走った。

子どもたちはどこにいるのだろうか、最後に学校を出たあの子とあの子は、まだ家に着いていないのではないか……。先生たちは、不安を募らせた。

しかし、学校を飛び出して、子どもたちを一人ひとり捜しに行くことなどできなかった。釜石小学校は市の避難所にも指定されているため、避難してくる人たちを受け入れる準備もしなくてはならない。

「避難所の準備をしましょう！　寒いのでジャンパーを着ること、そして名札を付けること！」

心の中で子どもたちの無事を祈りながら、加藤校長は先生たちに指示を出した。体育館はワックスがけをしたばかりで床が濡れていたため、代わりに広めの教室へ避難者を誘導することになった。寒さをしのぐため、倉庫からストーブを運び出したり、床にマットをしきつめたり、案内の掲示を貼り出したりと、先生たちはそれぞれの判断で、素早く行動した。

加藤校長は、校門前の「登校坂」と呼ばれる坂道へ向かい、避難者の対応にあたった。しばらくすると、消防団の男性が、「早く逃げて！　津波くっから！」と大声で叫ぶのが聞こえた。ふと町のほうに目を向けた時、加藤校長は自分の目を疑った。国道のほうから

釜石小から撮影された津波の様子

あふれるように水が流れてきていたのだ。これまで見たことのないような大津波だ。登校坂の下では渦が巻き始めた。

「あ、あそこに人が！」

「助けに行くな！」

「あそこでも誰かが溺れている!!」

あっという間に水かさが増し、濁流となってすさまじい勢いで押し寄せてきた。家も車も、驚くほど簡単に浮き上がり、流されていった。

三年生の担任だった外舘《そとだて》千春先生は、「みんな、逃げていてくれ、頼むから逃げていてくれ！」と、ただただ祈り続けた。

二年生の担任だった室《むろ》明美先生は、「なぜ今日に限って短縮授業だったんだろう……」と、やり場のない憤りを感じていた。

釜石小学校では、海の近くに家がある子どもたちが少なくない。先生たちは、「最悪の事態」を覚悟していた。

夜になると、学校に避難してくる人たちの数はどんどん増えていった。その中には、ずぶ濡れになってやって来る人もいた。倉庫内の備蓄毛布一〇〇枚はすぐに底をつき、先生たちは必死になって、学校中のありったけのタオルをかき集めた。それでも足りなかったので、暗幕などを持ち出して代用することにした。

避難者の中には釜石小の児童の姿もあったが、多くの子どもたちの安否はわからなかった。「郵便局のあたりで、釜石小のジャージを着た女の子が流されていくのを見た」という噂も流れていた。

我が子を捜しに、保護者たちも山道を回って駆けつけて来た。無事に子どもと再会できた人もいれば、見つけることができず泣き崩れる人もいた。次の避難所へ向かおうとして、「暗くて危ない。朝になるまで待て!」と周囲から制止されたが、みな振り切って出て行った。

午前二時頃になると、先生たちの不安と緊張はピークに達した。職員室の自席で仮眠をとろうとしても、誰も眠ることなどできなかった。

四年生の担任だった佐藤淑子先生は、息子の昌苑《しょおん》くんが釜石小学校の一年生だった。その日、昌苑くんは学童保育にいるはずだったが、避難してきた人から、「学童のあたりは津波で壊滅状態だった」と聞かされた。

「あの子は絶対に逃げている！」、そう信じることで、涙をこらえた。

「どうか明日が最悪の日になりませんように……」

先生たちは祈りながら夜を明かした。

その日の夜は、町中から灯りが消え、暗黒の町に星だけが美しくきらめいていた。

がれきを乗り越えて安否確認

長く不安な夜があけた。学校に避難した人は五〇〇人を超えていた。校舎内に対策本部が設けられ、水や食糧の確保、トイレの水の確保などについて話し合われた。

避難所の手伝いに追われていたが、この日、先生たちには大事な任務があった。児童の安否確認だ。子どもたちが今どこにいるのか、家の被災状況はどれほどなのか、二人一組で避難所や家庭を回って確かめることになった。

「いろんなデマや噂が流れているので、必ず子どもたちの顔を見て、無事かどうかを確認してください」と加藤校長は指示した。

がれきの山を越えて安否確認

津波の後、先生たちは町がどうなっているのか知らなかった。そのため、学校前の登校坂を下りて、目の前に広がる光景を見た時、思わず息をのんだ。見慣れた町の姿が一変していたのだ。

道路には消防車や救急車が横転し、その上に宅配便のトラックが乗っていた。建っていたはずの建物が消え、道の真ん中に家が流れついていた。バラバラになった木材、倒れた電柱など、ありとあらゆるものが積み上がっていて、とても歩けるような状態ではなかった。ガソリンのにおい、泥のにおいなど、鼻につく嫌なにおいがあたりに漂っていた。

六年生の担任だった西城満先生は、子どもたちが、「学校が終わったら、みんなで釣りに行くんだ！」と話していたことを思い出していた。西城先生も釣りが好きだ。そのことを知っている子どもたちは、「先生も後で来てよ！」と言って帰って行った。あの時、一緒に釣りに行っていれば、子どもたちを助けられたのに……。自分を責めながら、西城先生はがれきの山を登り始めた。

大きな余震が続いていたため、いつまた津波がくるかわからなかった。特別支援学級の担任だった菊池国浩先生は、もしもの時のことを考え、自分の身元がわかるようにと、名前と連絡先を書いた紙をポケットに入れていた。

その日の午後、うれしいニュースが入ってきた。佐藤淑子先生が、避難所となっていた裁判所で、学童保育に預けていた一年生の息子・昌苑くんと無事に再会することができたのだ。学童の子どもたちは二人一組で手をつないで、懸命に避難場所へ走ったそうだ。「よくがんばったね」と淑子先生が言うと、昌苑くんは、「全校朝会の時、校長先生が『津波てんでんこ』の話をしてたでしょ。だからぼくが一生懸命逃げたら、後で必ずお母さんが迎えに来てくれると思ってたんだよ」と落ち着いた表情で話したそうだ。

避難所から避難所、家から家へ。先生たちは子どもたちを捜して、がれきの山を歩き続けた。そして、その日のうちに、一七四人の児童の無事を確認することができた。学校で学んだことを生かして、子どもたちは迅速に避難していたのだと知り、先生たちの疲れは吹き飛んだ。

だが、まだ一〇人の子どもたちの安否がわかっていない。

「明日こそ、全員の無事が確認できますように……」

祈りの夜が、再び訪れた。

喜びの声にわいた職員室

震災から二日目の朝。先生たちは再び、児童の安否確認へと向かった。震災前に給食を食べて以降、食事は、バナナ一本とおにぎり一個しか食べていなかった。夜もほとんど眠っていない。ただ、子どもの無事な顔を見たいという思いだけで、一歩一歩、がれきの山を歩いていった。

幸いなことに、午前中のうちに八人の子どもの無事が確認できた。しかし、どうしても二人の児童の安否がわからなかった。地震の直前に下校した子どもたちだった。「母親の車に乗っているのを見た」と言う人がいたが、無事に逃げることができたのだろうか……。

前日、西城先生は、児童二人のうち一人の家を訪れていたが、浸水を免れてはいたものの、家には人影がなかった。

五年生の担任だった菊池健太先生は、釜石生まれの釜石育ち。裏の山道を通って、谷澤通広副校長、梁田《やなだ》公美先生らと被害の大きかった市街地へ向かった。その途中、自衛隊がブルーシートに包んだ遺体を運ぶのを何度か見ていた。子どもの大きさほどのブルーシートを見るたびに、どきりとした。「どうかみんな無事でいてくれ！」と、祈る思いを強くした。

午後になり、あと一人を確認すれば、全員の安否がわかるところまでこぎつけた。西城先生は菊池健太先生とともに、前日、誰もいなかった家に、もう一度行ってみることにした。家の前で呼びかけてみるが、やはり応答はなかった。諦めて引き返そうとした時、近所の人が、「奥の部屋で人影が見えたよ」と教えてくれた。

急いで家の奥へと入っていった。そして……。

子どもがいた。一八四人全員の無事が確認できたのだ。

先生たちは急いで学校へ戻った。

「いました！」

この報告に、職員室は歓喜にわいた。玄関の脇に置かれたボードには、安否が確認できない児童の人数が書かれていたが、三月一三日午後三時二分、その数字が「ゼロ」となった。

「奇跡だ！」「防災教育の成果だ！」

先生たちは大きな拍手とともに、涙を流して喜びあった。

この日の夜、学校に設置された対策本部のミーティングで、加藤校長は、「釜石小学校の子どもたち、全員の無事が確認できました！」と報告した。その瞬間、部屋中に大きな拍手がひびいた。絶望にうちひしがれていた人々の心に、希望の灯りがともったのだ。誰からともなく、「おれらも負げねぞ！」という声があがった。

「子どもたちの小さな体のどこに、あの災害を生き抜く力があったんでしょう。私たちは多くのものを失いましたが、子どもたちが生きる勇気を与えてくれました」

後日、加藤校長にインタビューをした時、当時の思いをそう話してくれた。

学校再開へ向けての決意

一八四人全員の無事が確認できたが、先生たちにはやらなくてはならないことが山積みだった。三日に一度は避難所を回って、学校からの連絡事項を伝えるとともに、子どもたちや保護者が元気かどうかを確認した。

「デマ」への対応にも追われた。三月一四日の午前九時、「大津波警報が出たそうだ。宮古ではすでに五メートルの津波が来ているようだ」という情報が流れた。消防の人も「津波くっから早く逃げて!」と指示したため、学校には続々と人が集まり、一時は騒然となったそうだ。さらに「放射能が危ないから建物の中に入って!」という情報も流れたと言う。

新聞では「釜石小児童一九名不明」「二〇〇名遺体発見」などという、根も葉もない記事が掲載された。釜石からは情報を発信する手段が電話もFAXもなかったため、加藤校長は盛岡に出向き、放送局、新聞社などに「釜石小学校児童一八四名、全員無事を確認しました。教職員も全員無事です」とFAXを送るなど、ことあるごとに対応しなくてはならなかった。

さらに、校舎内に設置された対策本部の朝晩のミーティングへの参加、トイレの水を確保するためにプールからのバケツリレー、身内を捜しに来る人たちの誘導・案内、校舎の掃除……。一日はあっという間に過ぎていった。夜はほとんどの先生が学校に泊まり込んでいた。

こうした日々の中で、釜石小学校の先生たちにとって最大の課題は、「学校の再開」だった。体育館にも教室にも避難者があふれ、校庭は避難して来た人たちの車でいっぱいだったが、それでも三月一九日の対策本部のミーティングで、加藤校長は、「四月中旬には学校を再開したい」と関係者に伝えた。先生たちに対しても「学校が再開する四月中旬まで、休みだと勘違いしないでください。子どもたちを訪問し、状況をきちんと把握してください」と諭した。

震災から一〇日もたたないうちに、学校再開を決めるのは、少し無理があるのではないか。後日、インタビューでこの点を加藤校長に尋ねた。

「確かに無理はあったかもしれません。しかし、身内を亡くしたり、住む家を失った子どもたちが、一日も早く日常生活を取り戻すためには、速やかに学校を再開させるべきだと思ったんです。先生たちの中には、家が流された人もいます。自分たちの生活再建もやらなくてはならない一方で、子どもたちの家庭訪問、避難所の手伝い、学校の再開と、たいへんなことばかりです。でも、子どもたちとつながっておくことこそが、私たち教師が最優先でやるべき仕事だと考えました」

加藤校長の教育者としての信念は、未曽有の震災の中でも、決して揺らぐことはなかった。

学校を再開させる上で、解決しなくてはならない問題があった。それは、子どもたちの通学路をどうするかということだった。

町の中は、いたるところにがれきの山があった。いったん歩道からがれきを撤去しても、家や店の中から運び出されたがれきが再び積み上げられ、それを撤去するとまた次のがれきが積み上がる……、という「いたちごっこ」が続いていた。

余震でがれきが崩れる危険があるため、そんな中を子どもたちを歩かせるわけにはいかない。さらに、沿岸部の子どもたちの中には、市内の遠く離れた場所にある親戚の家に身を寄せている子もいて、安全に歩いて通学できるところに住んでいる子どもは、ほとんどいなかった。保護者に送迎を頼みたくても、津波で車が流されてしまったという家庭も多かった。

加藤校長は釜石市教育委員会にスクールバスを要請したが、バスの確保、運行ルートやスケジュールの設定などの調整に時間がかかることがわかった。何をするにも手探りで物事を進めなくてはならない状態だった。それでも教育委員会は、この要望を受け入れた。

三月下旬まで、多くの先生たちは学校に泊まり込んでいたが、加藤校長は、「学校を再開するにあたって、先生たちが子どもたちを元気な顔で迎えられるようにしたい」と、泊まりは交代制をとることにした。また、避難している地域住民に別の場所へ移動してもらうのではなく、体育館と一階部分を避難所に、二階以上を学校の空間として使用することにした。

「たいへんな時だからこそ、子どもたちには学校が必要だ。そして力強く生きようとする地域の人たちの姿に触れることが、子どもたちのこれからの生き方につながる」と信じた加藤校長は、強いリーダーシップを発揮し、避難所と学校が共存する中で、「四月一九日に始業式、二〇日に入学式を開催する」と決めた。

子どもたちの変化と先生たちの対応

学校再開の日がきた。結局、スクールバスは始業式には間に合わなかったため、地区ごとに集合場所を設け、そこに先生たちが迎えに行き、児童と一緒に歩いて登校することになった。

四月一九日は、雨が降り、薄暗く肌寒い一日だった。しかし学校の中は、友だちや先生と再会できた子どもたちの明るい笑い声であふれていた。「子どもたちには学校が必要だ」という加藤校長の決意は正しかった。

だが、学校生活が落ち着き始めた四月下旬頃から、子どもたちに気がかりな兆候が出てきた。入学したばかりの一年生の男の子は、学校に来てもずっと泣き続けていた。遊んでいる時、積み木で家を組み立て、「これ、ぼくの家。でも津波で流されたの」と担任の先生に話したそうだ。

ゴールデンウィークがあけた頃、私たちは運行が始まったスクールバスに同乗させてもらったのだが、四年生のある男の子は決して窓の外に目を向けようとしなかった。

「おれ、外は見たくないんだ」

その子がそうつぶやくと、別の男の子が、「じゃあ、見んなよ！　ばっかみたい！」と、ケンカ口調でつっかかっていた。ちょっとしたことで、小競り合いが起きそうな状況だった。普段は津波のことは口にしないが、いったん話し出すと止まらなくなる子どもも少なくなかった。

震災で子どもたちの生活は一変してしまった。がれきを撤去するトラックが行き交って危険なため、学校から帰っても、外で遊べる場所はなくなってしまった。保護者も毎日の生活に追われ、我が子に十分な注意を向けることができなかった。こうした日々の中、子どもたちは、自分の苛立ちを、どこへぶつけていいかわからないように見えた。

釜石小学校の先生たちは、心のケアの研修会を受けたり、保護者を対象に臨床心理士などの専門家による説明会を開催したりするなど、子どもたちの変化に対応しようとつとめた。

こうした専門家のアドバイスもさることながら、保護者、特にお母さんたちにとっては、先生たちが心強い相談相手となっていた。少なからぬお母さんたちが、子どものことで心配なことがあれば、直接、校長室を訪れ、加藤校長に相談したり悩みを打ち明けたりしていた。釜石小学校が児童数二〇〇人に満たない規模だということや、加藤校長が女性だったため成り立つ関係なのかもしれない。

また震災当時、加藤校長は子どもたちやその家族がいる避難所に度々足を運んでいた。その中で抱きあって泣いたことや膝を交えて話をしたことが、学校と家庭の距離を縮め、親たちにも子どもたちにも大きな安心感につながったようだ。

ある学年では、震災後の一時期、授業の途中で騒いだり、席を立ったりするような問題行動が目立ったのだが、学校と家庭が頻繁に連絡をとり、情報を共有しあうことで、子どもたちの態度はしだいに落ち着いていった。

「釜小防災の日」に込めた思い

震災から三カ月が過ぎた六月の職員会議。釜石小学校の先生たちは、新たな課題に直面していた。これからの防災教育をどうするかということだった。

学校が再開してしばらくの間は、子どもたちの心に配慮して、防災教育は中断していた。だが、余震は続いており、再び大きな津波が襲ってくるかもしれない。震災前、釜石にはギネスブックに掲載されるような、世界最大水深を誇る湾口防波堤があったが、それも津波によって壊れてしまった。もし三月一一日と同規模の津波が襲ってきたら、前回よりも遥かに広範囲にわたって被害が出ることが懸念されていた。

しかしそうはいっても、子どもたちに津波について教えるのは、まだ早いのではないか……。職員会議では様々な意見が出たが、最後は加藤校長が、「いのちを守るために防災教育を再開しよう」と決めた。

「フラッシュバックが起きるかもしれないという懸念はありました。せめて今年一年は防災教育をやらないほうがいいのではないかという意見も出ていました。でも、新しく入ってきた一年生は、一度も防災教育を受けておらず、どこに逃げればいいか、避難場所もわかっていません。災害はいつ襲ってくるかわからないのだから、このままでは前に進めないと思い、子どもたちの心に配慮しながらも、一歩踏み出すことにしました」

加藤校長は毎月一一日を、「釜小防災の日」と名づけ、防災授業を再開することにした。第一回の七月一一日は、理科室から火が出たことを想定して、火災避難訓練を実施することになった。子どもたちの心に過度な負担を与えないようにと、朝の会の時間に、「今日は避難訓練があります」と伝え、次のように説明した。

「釜石小学校のみなさんは、三月一一日の震災から、自分のいのちを自分で守った素晴らしい力の持ち主です。震災から守り抜いたみなさんのいのちを大事にしていくために、釜石小学校はこれからも防災に取り組んでいきます。避難訓練の時に非常ベルやサイレンが鳴りますが、それは怖いものではありません。みなさんのいのちを守るためにお知らせするものなのです。だから落ち着いて行動してください」

子どもたちはみな真剣に先生の言葉を聞いていた。

その後、一時間目の授業の途中で、非常ベルが鳴り響いた。突然のことに子どもたちは驚いた様子だったが、すぐに落ち着きを取り戻し、並んで校庭へ向かった。先生たちが懸念したようなフラッシュバックが起きたり、気分が悪くなったりする子どもは一人もいなかった。

取材をしている私たちの目には、この日、釜石小学校の先生と子どもたちが、一つ「壁」を乗り越えたように見えた。

ちょうどこの頃から、釜石小学校の先生たちは、おそろいのTシャツを着て子どもたちの前に立つようになった。背中には大きく「チーム　釜小」の文字が刻まれていた。

「何があっても先生たちは一丸となって、みんなを支えています」

Tシャツからは、そんな先生たちのメッセージが感じられた。

第二部

釜石に学べ

第三章

立て役者・片田敏孝教授の防災教育

「ぼくたちは学校で学んだことを実行していのちを守ったんだから、全員助かったことは奇跡じゃなくて実績です」

これは、釜石小学校六年生の男の子の言葉だ。

小学生がこんな言葉を言えるとは、一体、釜石の子どもたちは学校でどんなことを学んでいたのだろうか。

釜石の防災教育を根本からつくりあげていった、ある人物を紹介したい。

避難率わずか「一・七％」の衝撃

「釜石の奇跡」の立て役者と言われる人がいる。群馬大学の片田敏孝教授だ。

震災後、自然災害が起きると、必ずといっていいほど片田教授のコメントが引用されているため、テレビや新聞、雑誌などで名前や姿を目にされた方が多いのではないだろうか。

私が片田教授を初めて取材したのは、二〇〇五年頃にさかのぼる。警報や非常ベルが鳴っても、避難することができない「正常性バイアス」という人間の心理状態（正常性バイアスの詳細は後述する）について、解説をしてもらった。当時から、ずっと片田教授は「人が

片田敏孝・群馬大学教授

死なないための防災」に取り組んでいた。

片田教授は岐阜県の出身。土木工学の専門家だ。岐阜高専の学生だった時、駅に集中する駐輪と人との行動がどのように関係するかを分析し、「社会や人の行動を、数理的にひもとくことのおもしろさ」を知ったと言う。

そしてその後、「人間の行動を決めるのは、専門的な知識ではない」と気付かされる出来事があったそうだ。豊橋技術科学大学の大学院生時代に、過疎化の調査で愛知県三河地方の山間部に入った時のことだった。お年寄りたちはみな幸せそうに暮らしており、いくら専門家が「過疎だ過疎だ」と騒いでも、山を下りて便利な場所で暮らそうとする様子はまったくなかった。

また、二〇〇四年七月に新潟地方を襲った豪雨後の調査では、警報が出ても避難しなかった理由を住民のおばあさんに尋ねたところ、「この家は死んだおじいさんと建てた家だ。家が流されるなら、おじいさんが迎えに来たと思って喜んで一緒に流される」と語ったそうだ。「それに、家が流されても、もう建て直す力はない。住む場所もない辛い人生を送るよりは、ここで死んだほうがましだ」と言うおばあさんの言葉に、片田教授は図らずも納得してしまったという。

「専門家にとっては、避難することがベストソリューション。しかし、おばあさんの立場からすれば、逃げないことのほうがメリットは大きい。そんな人に対して、ただ『逃げろ』と言う防災では役に立たない」と片田教授は考えるようになった。

しかし、そのおばあさんに、「水に流されて死んでしまったら、『ひどい死に方をさせてしまった』と、息子さんは一生悔やむと思うよ」と伝えたところ、おばあさんはそれもそうだな……と、次は避難すると約束したそうだ。

こうした経験から、片田教授は、防災は避難する人の立場に立って考えなくてはならないという思いを強くした。そして「人の心」に着目し、防災教育、災害時の情報の伝達、避難誘導のあり方など「災害社会工学」を研究。住民とのワークショップなどを通じて、地域防災の活動を全国で展開している。

「机に向かって論文一本書くよりも、地域に入って住民と避難対策を考えるほうが、防災効果は大きい」と考える片田教授。学会では長く異端児として見られてきたが、東日本大震災以降に状況は一変。全国各地の教育現場や自治体から講演の依頼が殺到し、その数は年間一五〇にのぼるそうだ。午前中に東京で講演をした後、午後から三重と名古屋で講演、翌日の早朝には九州へ移動……というような驚異的スケジュールを連日こなしている。

また、かつてＪＩＣＡ（国際協力機構）の支援事業の関連で、中米ニカラグアの沿岸部にあるレオン市サリーナスグランデスという町で、片田教授は地元住民を対象に防災に取り組んできた。こうした縁で、町では、毎年四月に片田教授を招いて「片田まつり」を開催。かつて津波の犠牲者を出した経験から、片田教授の「避難の心得」を寸劇にして発表し、町の文化として受け継いでいこうという取り組みを続けている。

片田教授が本格的に防災教育に乗り出したのは、ある調査がきっかけだった。

二〇〇三年五月二六日午後六時二四分頃、宮城県沖を震源とするマグニチュード七・一の地震が発生。三陸沿岸の多くの地域では震度五弱から六弱の強い揺れを観測した。

三陸沿岸部は明治三陸津波、昭和三陸津波など、これまでにもたびたび津波被害を経験してきた地域だ。二〇〇三年の地震の場合、気象庁が「津波による被害の心配はない」と発表したのは、地震発生から約一二分後だった。その間に住民は高台へ避難したものと、片田教授は考えていた。

だが、実際はそうではなかった。片田教授が仙台市から岩手県宮古市までの避難状況を調査したところ、ほとんどの人が避難していないことがわかったのだ。

中でも片田教授が衝撃を受けたのは、宮城県気仙沼市のデータだった。気仙沼市は、明治三陸津波で五一二名もの犠牲者を出している。そして、二〇〇三年の地震は震度五強という強い揺れだった。それにもかかわらず、津波を警戒して避難した住民はわずか一・七%。八割を超える住民が地震の後に「津波のことを想起」し、六割超は「津波が来る」と思っていたが、「津波が来るかもしれないと思ったけど、大丈夫だと思った」などの理由で、避難していなかったのだ。

危険が迫っていても「自分は大丈夫」と思う人の心の動きは「正常性バイアス」と言われ、災害時などで避難を遅らせる危険な要因となっている。

「この状態を放置しておいたら、実際に津波が襲ってきた時、悲惨な事態を招くことは間違いない。防災を研究する者として、見過ごすわけにはいかない」

強い危機感を持った片田教授は、津波防災に本腰を入れることを決意した。だが、三陸沿岸をすべてカバーするには範囲が広すぎる。そこで、どこか一カ所で「犠牲者ゼロ」を目標に津波防災のひな形をつくりあげ、それを三陸各地域に広げる——そう目指した。

三陸地方の自治体に、「一緒に津波防災をやりませんか」と持ちかけたところ、手をあげたのが釜石市だった。釜石市以外の自治体からは、ほとんど反応がなかったそうだ。

「防災講演会」の厳しい現実

こうして二〇〇四年から片田教授は、釜石市の防災・危機管理アドバイザーとなった。津波防災に対する意識を高めるとともに、何世代にもわたって「逃げることが当たり前」という「文化」を生み出したいと考えた。

そのとっかかりとして、まずは大人向けに津波防災に関する講演会を開催することになった。

釜石で講演会を重ねたある日、片田教授は来場していたお年寄りから声をかけられた。

「先生、今日のお話もたいへんわかりやすかった。わしゃ、あんたの講演を聞くのはこれで八回目なんだよ。いつもいい話でありがたい」

「ありがとうございます」と答えながらも、片田教授は内心がっかりしたそうだ。

「講演会に来てくれるのは、毎回毎回、同じ人たちばかりでした。わざわざ話を聞きに来てくれるぐらいだから、津波防災に対する意識が高い人たちです。でも本当は、会場に足を運ばない人たちの意識を高めなくては、犠牲者ゼロにはならない。特に若い世代の参加者をどう増やすかが課題でした」

どうすれば、講演会に来ない多くの人に津波防災への理解を深めてもらえるのだろうか。会場に来ようとしない人との「コミュニケーションツール」が必要だと感じた片田教授が、思いついたのは、「子ども」だった。「子どもの安心安全」をうたった津波防災であれば、親や先生など、大人の関心もひきつけることができると考えたのだ。

「子ども」を対象にすることには、もう一つ大きなメリットがあった。子どもたちは一〇年たてば大人になり、二〇年たてば親になる。そうなれば、防災意識の備わった家庭ができ、その家庭で育った子どもも自然と防災意識が高くなるはずだ。津波防災が家族の中で継承され、地域に定着させることができるのだ。

こうして「一〇年単位の防災」という長期的な取り組みを目標に、片田教授は「子どもを対象とした防災教育」へと、舵を切ることにした。

乗り気ではなかった教育現場

片田教授は早速、「津波防災教育を行いたい」と釜石市内の学校を回ったが、反応は芳しくなかった。先生たちの多くは内陸部出身ということもあり、津波防災の必要性を感じていなかったそうだ。さらに教育現場では総合学習への対応などもあり、「防災教育に時間を割く余裕はありません」という声も多かったという。

困った片田教授は、釜石市の教育委員会を訪れ、河東眞澄《かとうますみ》教育長（当時）に、なぜ津波防災教育が大切なのかを切々と訴えた。河東教育長は地元釜石の出身ということもあり、過去の津波被害の惨状もよく知っていたため、二つ返事で賛同してくれたそうだ。

話が少し脱線するが、震災後、私は何度か河東教育長にお目にかかった。眼光するどく威厳のある素晴らしい教育者だった。いじめを苦にした自殺など、教育現場で子どものいのちが奪われながら、その対応に不信を抱かざるを得ない教育委員会が多いが、河東教育長をはじめとする釜石市教育委員会は、子どもたちに「いのちを守る力」をつけさせることこそが教育の原点だととらえていた。

「釜石の奇跡」が生まれた背景には、こうした教育委員会の英断があったことを付記したい。

話を元に戻そう。二〇〇六年一月二三日の午後、河東教育長は、釜石市内の全小中学校を休校にするとともに、すべての教職員に対して、職務として片田教授の津波防災講演会へ参加させた。

これを機に、釜石で津波防災教育への取り組みが大きく動き始めた。

先生たちの意識が変わった

講演会で、片田教授は先生たちにこう問いかけた。

「過去の統計から見ても、子どもたちが生きている間に津波がやってくることは間違いありません。しかし、防災意識が薄い現状のままで、果たして子どもたちはいのちを守ることができるでしょうか。国語、算数などの勉強ももちろん大事ですが、何より重視しなくてはならないのは、子どもたちに『自分のいのちを自分で守る』力をつけさせることではありませんか？」

片田教授のこの言葉は、先生たちの心に届いた。講演会の後、沿岸部にある小中学校の先生たちが中心となり、津波防災教育の研究会が立ち上がった。

防災教育に力を入れるといっても、先生たち自身にも津波防災に関する専門知識はない。そこで、小学校一・二年生、三・四年生、五・六年生、中学校一〜三年生の四つのグループに分かれ、それぞれの年齢に適した教材を開発することにした。先生たちは定期的に集まり、片田教授の助言を得ながら、何をどう教えれば子どもたちの防災意識が高まるかを議論した。

その結果、二年の月日をかけ、九〇ページにおよぶ「釜石市津波防災教育のための手引き」が完成した。「手引き」は震災後改定され、釜石市のホームページでも見ることができる。(http://www.city.kamaishi.iwate.jp/index.cfm/10,17418,c,html/17418/manual_full1.pdf)

この手引きを使って片田教授は小学校で防災模擬授業を行い、具体的な授業の進め方を先生たちに見てもらった。それを参考に、今度はそれぞれの先生が公開授業を実施。他の学校から見学に来た先生たちと意見を交換しあい、どうすれば子どもたちにわかりやすい防災授業になるかを検討した。

片田教授が釜石市に行くことができるのは、多くても二カ月に一度だった。そのため、三〇〇〇人ほどいる釜石の小中学生全員に、直接、防災授業を行うことはできない。子どもたちへの指導は、現場の先生たちが担うしかない。試行錯誤を繰り返しながら、「犠牲者ゼロ」に向けた防災教育が、一つひとつ積み上げられていった。

「釜石の奇跡」の立て役者は片田教授だが、「片田イズム」を受け継いだ現場の先生たちの努力がなければ、奇跡が生まれることはなかった。片田教授も、講演会などではいつも、「釜石の先生たちの力があったからこそ、奇跡は起きたのです」と強調している。

逃げようとしなかった子どもたち

釜石で防災教育を進めるに先だって、片田教授は、二〇〇五年一二月に、釜石市すべての小中学生を対象に津波への意識調査を実施した。結果は、津波常襲地帯で暮らす子どもたちの回答とは思えないものだった。

「学校からの下校中に大きな地震が発生しました。あなたはどうしますか?」という質問に対し、「近くの高いところに駆け上がる」「近くの高い建物に入る」と答えたのは全体の三割程度。ほとんどの子どもたちが、「急いで学校に戻る」「急いで自宅に帰る」「その場にじっとしている」「どうしていいかわからない」と答えていた。自宅が浸水区域にある子どもでさえ、「近くの高いところに駆け上がる」「近くの高い建物に入る」という答えは半数に届かなかった。

さらに、「あなたが家に一人でいる時に大きな地震がありました。あなたはどうしますか?」という質問に対しては、「一人で急いで避難所に逃げる」と答えた子どもは三割に届かず、「近所の人に助けを求める」「家族の人に電話する」「家族の人が帰ってくるまで家でじっとしている」と、大人の指示を待つという傾向が明らかになった。自宅が浸水区域に入っている子どもも、この傾向は同じだった。

気仙沼の調査結果を知っていた片田教授にとって、この結果はある意味、「想定内」だった。そして、この意識調査を使って、子どもたちの保護者に防災教育の必要性を訴えることにした。

片田教授は釜石市内の小学校で、改めて子どもたちに、「あなたが家に一人でいる時に大きな地震がありました。あなたはどうしますか?」というアンケートを行った。子どもたちの多くは「お母さんに連絡する」「お母さんの帰りを待つ」と答えた。

片田教授はそのアンケート用紙を回収せず、「お母さんへ」という手紙をつけて子どもたちに持って帰らせた。

「お子さんの回答を見てください。あなたのお子さんは次の津波が来た時に、生きのびることができると思いますか?」

翌日、子どもの回答を見た保護者たちから、「学校の防災教育はどうなっているんだ!」

◎学校からの下校中に、大きな地震が発生した場合

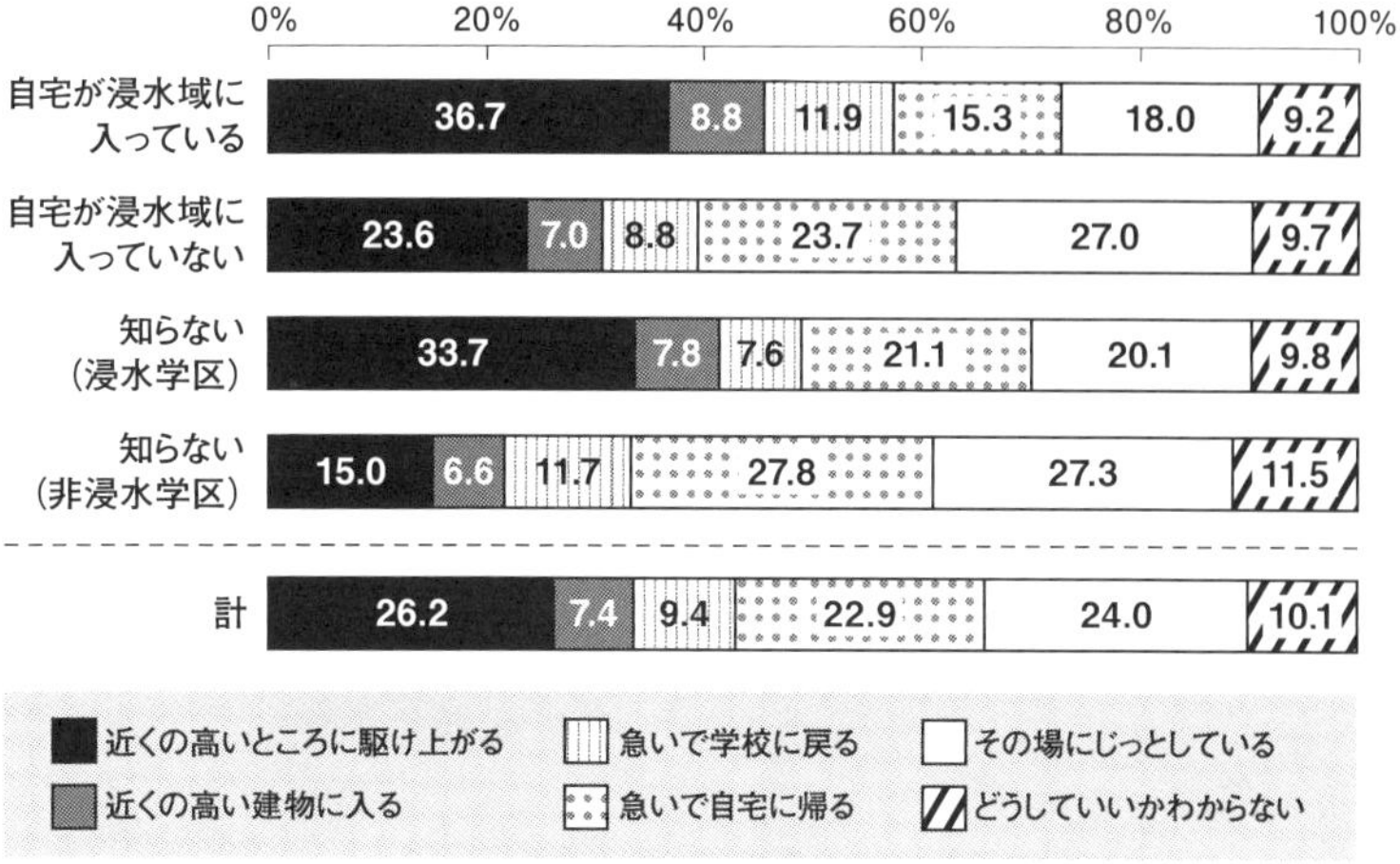

◎自宅に一人でいるときに、大きな地震が発生した場合

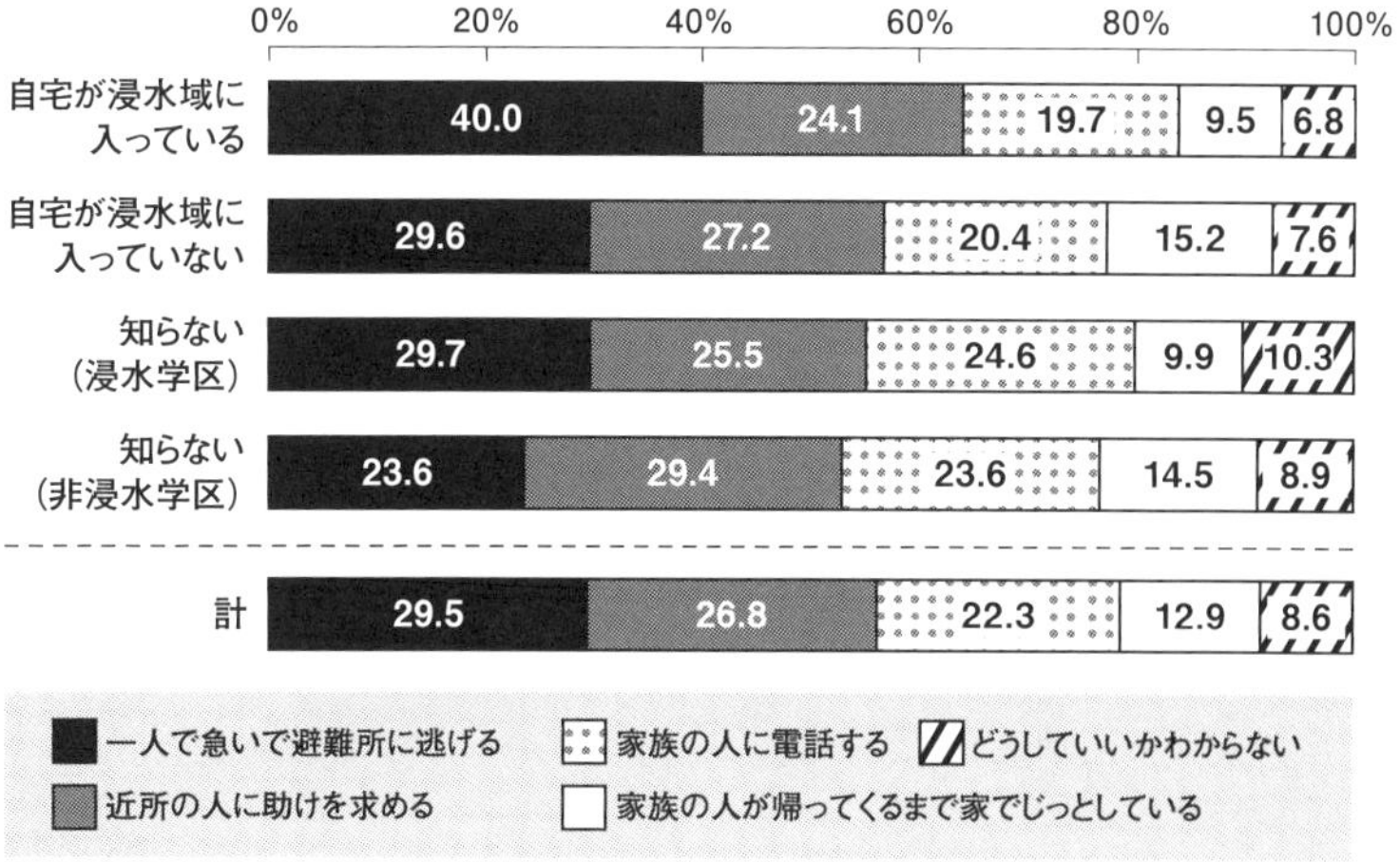

出典：群馬大学広域首都圏防災研究センター

という問い合わせが相次いだそうだ。

片田教授は、「次の津波の時に、自分のいのちを守り抜ける子どもになるように、一緒に津波防災に取り組んでいきましょう」と保護者に呼びかけた。講演会には来ることがなかった若い親世代に、「子どもの安心安全」を通して、防災教育の必要性を訴えることができたのだ。

「脅しの防災教育」から「お作法の防災教育」へ

防災教育に取り組む上で、片田教授が重視していることがある。それは、子どもたちに「釜石がいかに素晴らしい場所であるか」を話すことだった。

子どもたちに話す時は、いつもこんなふうに切り出した。

「先生は岐阜県の生まれで、今は群馬県に住んでいます。両方の県には海がありません。だからきれいな海が近くにある釜石はなんていいところなんだろうと、釜石が大好きになりました。先生は魚も大好きなので、たくさんのおいしい魚が獲れる釜石に住んでいる君たちが本当にうらやましいです。

釜石は素晴らしい町です。だけど、この町に住み続けるためには、時々起こる自然の大きな振る舞いにもつきあわなくてはなりません。つまり津波のことです。

でも怖がることはありませんよ。津波は五〇年か一〇〇年に一度やってきますが、その時に備えて、津波が来たらどうすればいいのか、何をすれば助かるのか、知恵があればやり過ごすことができるからです。津波に備えておくことは、きれいな海があって、おいしい魚がたくさん獲れる大好きな釜石で暮らしていくための『お作法』だと思ってください」

津波防災教育というと、過去の津波の被害写真を示し、「津波とはこんなに怖いものである」と教えると思われがちだが、こうした「脅しの教育」だけでは効果は薄いと片田教授は考えている。

「自動車免許の更新の際、交通事故の写真や悲惨なドラマを見せられますよね。見終わった後、しばらくは安全運転を心がけるけれども、時間がたつと忘れてしまって、元の運転に戻っているでしょ？　あれと同じです。『津波が怖いから防災の勉強をする』ということでは、子どもたちはすぐに怖さを忘れてしまい、防災を学ぶモチベーションが保てなくなるんです。『脅しの防災教育』では効果がないのです」

子どもたちが「恐ろしい津波が来る場所には住みたくない」と、釜石を嫌いになってしまっては、防災教育をする意味がない。「郷土愛」を育みながら、大好きなふるさとに住む「お作法」を身につけたいと思わせる防災教育を、片田教授は目指した。

津波避難の三原則①「想定にとらわれるな」

では、その「お作法」とは、具体的にどのようなものなのか。

様々な災害の現場を訪れたり、住民への意識調査を実施したりするなどの研究を通じて、片田教授は災害からいのちを守るためには「三つ大事なことがある」と気づき、それを「避難の三原則」としてまとめた。津波に限らず、土砂災害や水害にも三原則は適用できる。

三原則の一つが、「想定にとらわれるな」。端的に言えば、「ハザードマップを信じるな」ということを意味している。

近年、住民の防災意識を高めるためハザードマップを作成し、各家庭に配布している自治体が多い。ハザードマップを手にした時にまず見るのは、自分の家の被害想定だろう。片田教授が防災授業の中で子どもたちにハザードマップを配った時も、「おれんちセーフ！」「おまえの家はアウト！」など、教室は大騒ぎになるそうだ。

ハザードマップは過去の災害などをもとに被害を想定して、作成されている。例えば釜石の場合は、明治三陸津波などの規模の津波が想定されていた。しかし、東日本大震災のように「一〇〇〇年に一度」の災害が起きた場合、過去のデータをもとにした被害想定は、何の役にも立たない。ハザードマップの情報に頼っているだけでは、「想定外」への対応ができなくなってしまうのだ。

ハザードマップの「落とし穴」について、片田教授は、NHKスペシャル「釜石の〝奇跡〟～いのちを守る特別授業～」の中で、次のように解説している。

「例えば、日本では一年間に交通事故で四〇〇〇人を超える人が亡くなっていますが、『自分が交通事故で死ぬかもしれない』と考える人はほとんどいないでしょう。その一方で、宝くじには『もしかしたら当たるかもしれない』と期待する人は少なくありません。

人間は都合のいい話に対しては当事者意識を持つのですが、『あなたのいのちが危ないですよ』という都合の悪い話に対しては、『自分は関係ない』と情報を処理してしまいます。

ハザードマップもそれと同じです。『ここまでしか被害は来ない』と、災害イメージの上限値を勝手につくってしまい、それ以上のことが起きるとは想像できなくなってしまうのです。ハザードマップは、あくまでも人間が想定した一つのシナリオにすぎず、それを鵜呑みにすることは非常に危険なのです」

実際、東日本大震災では、ハザードマップの想定を大きく超えた津波が押し寄せた。例えば、釜石市の鵜住居《うのすまい》地区では、ハザードマップの浸水想定区域の外側で、多くの人が亡くなっているのだ。

浸水想定区域の内側に住む人たちは、津波が来る前に避難したため助かり、外側の人たちは「自分の家は大丈夫だろう」と考え、避難しなかったり、避難が遅れたりしたため津波に巻き込まれてしまったのではないかと、片田教授は分析している。

「ハザードマップを信じるな」と言うと、学校の先生たちからは、「だったら最初からハザードマップを配らないほうがいいのでは……」と戸惑いの声があがるそうだ。子どもたちにしても、「この地図を信じてはいけない」と言って渡されても面食らってしまう。

「でも、そこが重要なんです」と片田教授は断言する。

「ハザードマップを配り、それを否定するという流れを通して、初めて『自分が想定にとらわれている』ということを自覚することができるからです。ハザードマップで自分の住んでいる地域や学校が、津波に襲われる危険があると知ることはとても大切です。しかし浸水想定区域から外れた人たちにとっては、安心材料になりかねない。そうした災害イメージをうち破る教育が必要なのです」

津波避難の三原則②「最善を尽くせ」

片田教授の説く避難三原則の二つ目が、「最善を尽くせ」だ。「この程度で大丈夫だろう」と安易に判断するのではなく、その状況において自分ができるベストをつくして避難しなくてはならないという意味だ。

釜石小学校以外にも、あの日、最善を尽くして避難し、いのちを守り抜いた子どもたちがいる。釜石東中学校と鵜住居小学校の子どもたちだ。

私たちが二つの学校のことを知ったのは、震災から四日後、片田教授と一緒に釜石へ入った時だった。変わり果てた釜石の光景に、片田教授はただ呆然と立ち尽くし、言葉を失っていた。一体どれだけの人が犠牲になってしまったのか、被害の大きさは見えていなかった。

市の職員は、「津波は大きすぎました。今まで私たちがやってきた防災対策は何だったのか。全く無意味だったんでしょうか……。無力感でいっぱいです……」と、泣きながら無念の思いを語っていた。

片田教授は、釜石市内でも特に校舎の被災が大きかった釜石東中と鵜住居小学校を訪れた。二つの学校は並ぶように建っていて、ハザードマップ上では、どちらの学校も浸水区域には入っていなかった。しかし、学校の前を流れる鵜住居川を遡上した大津波は、校舎の屋上にまで達し、小学校の三階には軽自動車が突き刺さっていた。

三月一一日は、小学校、中学校あわせて五七〇人ほどの子どもたちが学校にいたそうだ。その子どもたちと先生たちはどうなったのか……。片田教授は、二つの学校が避難場所に決めていた「ございしょの里」というグループホームへ向かった。津波の時はそこへ逃げることになっていて、小中学校合同で避難訓練も行われていた。だが、その「ございしょの里」にも津波が押し寄せ、辺り一面がれきが散乱していた。

その時、近隣住民の男性が、「子どもたちは津波が来る前にここから逃げたのを見た」と教えてくれた。後日、わかったことなのだが、建物の脇にある崖が少し崩れていたため、

釜石東中と鵜住居小の子供たちが避難する様子

「ここも危険かもしれない」と、五〇〇メートルほど先にある介護福祉施設へ向かったのだ。さらにその介護施設から、津波が町に押し寄せている様子を見て、「もっと高いところへ逃げよう！」と、坂の上にある石材店まで走っていった。

子どもたちが避難する様子を、カメラで撮影したという住民の方がいた。フィルムをお借りして現像したのが上の写真だ。年長の子どもたちが、小さな子の手を引いて、背後に迫る大津波から走って逃げる様子が写されていた。この貴重な一枚は、その後、「釜石の奇跡」を記録した写真として、様々なマスコミで紹介されている。

子どもたちが最初に避難した「ございしょの里」までは、上り坂で七〇〇メートルほどある。次に向かった介護福祉施設までは五〇〇メートル、さらに石材店までは三〇〇メートルほどの坂道を上がらなくてはならない。実際に歩いてみると、体力のない小学校低学年の子どもにとっては、息があがるような距離だということがわかる。

それでもお兄ちゃんお姉ちゃんたちに手を引かれ、「津波がくるかもしれない！」と、より安全な場所へ、より安全な場所へと懸命に走って避難した。まさに最善を尽くしていのちを守ったのだ。

その後、片田教授は避難所に身を寄せていた子どもたちや学校の先生たちと再会し、無事を確認することができた。

「先生、子どもたちは懸命に走って逃げてくれました！　防災教育のおかげです。ありがとうございました！」

片田教授は、先生たちと固い握手を交わした。

釜石東中学校や鵜住居小学校の子どもたちのように、災害時に最善を尽くせるようになるには、「事前の準備が重要だ」と、片田教授は言う。二つの学校はともに防災教育に熱心に取り組む学校として知られていた。

「人間はいざという時になっても、普段やっている以上のことはできません。事前に津波のことを学んだり、避難場所を調べたりしていたからこそ、子どもたちはあの日、最善を尽くすことができたのです」

「火事場のばか力」と言われるが、事前の備えがなければ、いざという時に発揮できる力などつけられないということを忘れてはならない。

津波避難の三原則③「率先避難者たれ」

津波避難の三原則の三つ目は、「率先避難者たれ」。すなわち、「真っ先に逃げろ」という教えだ。

人のことを放っておいて一人で逃げ出すなんて、人間性を疑われるような行動だが、自分が逃げることが、結果的には他人を助けることにつながることになるのだと、片田教授は子どもたちに教えてきた。

私たちはNHKスペシャル「釜石の〝奇跡〟いのちを守る特別授業」の中で、ある実験を行った。収録中に突然、非常ベルを鳴らしてみたのだ。

当時、スタジオには九名のタレントさんたちがいたが、みんなキョロキョロするばかりで、誰一人、逃げようとはしなかった。「テレビのスタジオで火事など起きるはずがない」と思う人もいれば、「何かのネタだろう」と考える人もいれば、「本当の火事だったらスタッフが教えてくれる」と他人に頼りきっている人もいた。

実はこれは、「正常性バイアス」を学ぶための実験だった。人間は「危険が迫っている」という情報を与えられても、「どうせたいしたことにはならない」とか、「自分は大丈夫だろう」などと勝手に思い込み、危険を軽視してしまうのだ。

こうした心の働きは、日々の生活を送る上で生じる様々な変化や新しい出来事に対して、心が過剰に反応して疲弊しないためには必要なものだ。しかし、災害時においては、避難や初動対応の遅れにつながり、いのちを危険にさらすことになってしまう。

しかも、「正常性バイアス」はかなり強力に作用する。二〇〇三年二月、二〇〇人にのぼる犠牲者が出た韓国・大邱市の地下鉄火災事件。公開された写真の中に、奇妙な光景を写したものがあった。車両内に煙が充満しつつあるにもかかわらず、乗客は逃げようとせず、ただ黙って座っているのだ。危険が迫っているのに逃げることができない「正常性バイアス」をとらえた一枚だった。

この「正常性バイアス」から抜け出す方法がある。それは、危険を知らせる次なる「情報」を得ることだ。私たちの番組では、非常ベルが鳴ってからしばらく後に、数名のスタッフに、「火事だ！」「早く逃げて！」と叫んでもらった。するとタレントさんたちは収録をほったらかして、急いで出口のほうへ走っていった。

最初の非常ベルで不安な気持ちになっている時、「逃げろ！」という二つ目の情報が入ってくることで、「今、自分は危険な状態に置かれている」と感じ、避難行動を取ることができるのだ。


こうした人間の心の動きを知る片田教授は、「まず君が逃げろ」と子どもたちに伝えた。「誰も逃げないのに自分だけ走っていくのは、恥ずかしいことかもしれない。間違っていたら、後で笑われるかもしれない。それでも君が勇気を出して逃げることで、周りの人たちも「逃げなくちゃいけないんだ」と感じ、つられて逃げるだろう。それがみんなのいのちを守ることにつながるんだ」と教えた。

この教えを、釜石東中学校の生徒たちは実践していた。地震の後、グラウンドにいた何人かの生徒たちは、先生の指示を待つことなくすぐに高台へと駆け出していったのだ。その様子を見た付近住民も、「逃げたほうがいい」と、子どもたちの後をついていったそうだ。中学生が勇気を出して逃げたことによって、結果的に多くのいのちが救われたのだ。

自分のいのちは自分で守る「姿勢」

こうした「避難三原則」を通じて片田教授が子どもたちに教えたのは、「自分のいのちは自分で守る」という「姿勢」を身につけることだった。第一章で、釜石小学校児童の避難行動を紹介したが、すべての子どもたちに共通しているのは、まさに「自分のいのちは自分で守る」ということだ。自然災害は予想を超えた姿で、私たちに襲いかかってくる。「こういう時にはこうしなさい」というマニュアル通りに教えても、とても太刀打ちできない。自分の置かれた状況を判断し、その状況に即した行動をとらなければ、いのちを守ることなどできないのだ。

片田教授はこう強調している。

「災害時には必ずといっていいほど、『行政から避難指示が出なかった』という住民の声を聞きます。確かに行政には、安全に関する情報を提供する義務があります。でも、自分のいのちの安全を、行政任せにしてしまっていいのでしょうか。私たちは、自分のいのちに責任を持たなくてもいいのでしょうか。

釜石の子どもたちは、行政や周りの大人から『逃げろ』と言われたから逃げたわけではありません。自ら『ここにいては危ない！』と判断して、警報が出る前に靴を履き、高台へと駆け出していったのです。

主体的に判断して行動するという『姿勢』を身につけていたからこそ、『釜石の奇跡』は起きたのです。そのことを、忘れないでいてほしいと思います」

第四章

釜石小が育んだ「生きる力」

大人の指示を待つことなく、自分で判断して素早く避難し、いのちを守った釜石小学校の子どもたち。この事実を、「クローズアップ現代」や「NHKスペシャル」で伝えたところ、多くの反響をいただき、釜石小学校の防災教育は各方面から注目されるようになった。

二〇一三年一二月、釜石市を訪問した安倍晋三総理大臣は、復興の現状などを視察するとともに、釜石小学校の先生たちから、震災当時の様子や日頃の防災教育の取り組みについて説明を受けた。視察後の記者団の取材に対し、「防災教育、防災訓練がいかに大切かということを実感した。防災教育を強化していきたい」と述べた。また、「尾木ママ」の愛称で知られる教育評論家の尾木直樹氏も、釜石小学校を訪れて授業を見学し、「むちゃくちゃ感動しました！」とブログに記している。

私たちが制作した二つの番組を見た教育関係者からは、「釜石小学校では防災教育にずいぶんと時間をかけておられたのでしょうね」「私たちに、同じことができるかどうかわかりません」という感想が数多く寄せられた。しかし、結論から言うと、震災前に釜石小学校が防災授業のために費やした時間は、一年を通して四、五時間程度だった。通常の教科学習や学校行事などがある中、防災教育のために割ける時間はごくごく限られたものだった。だがその短い時間でも効果的な授業となるよう、先生たちは知恵を絞り工夫をこらしていた。

この章では、そうした先生たちの「知恵」と「工夫」について取り上げていく。これからの学校防災を考える上で、是非、参考にしていただければと思う。

下校時津波避難訓練

「釜石小の防災教育」の中で最も特徴的なものが、「下校時津波避難訓練」だ。避難訓練といえば、校内のどこかで火災が発生したと想定し、児童が一斉にグラウンドに逃げるというものや、地震から身を守るために机の下に隠れる、というのが一般的だろう。釜石小学校ではこうした避難訓練とは別に、年に一回、津波を想定した訓練を実施していた。

「学校は高台にあるので、学校にいる時に地震が来ても避難する必要はありません。しかし、子どもたちの多くは、海のほうに向かって帰っていきます。一人で下校している時や、海の近くで遊んでいる時に大地震が発生したらどうすればいいのか。一番近い避難場所まで一人で逃げなくちゃいけないということを、子どもたちに身につけさせようと思いました」と、加藤孔子校長は訓練の意図を話す。

「下校時津波避難訓練」は次のような段取りで進められた。

当日は、児童を地区ごとのグループに分けて集団下校させる。下校途中で、「地震発生」のサイレンが鳴り出す。この時、すぐに逃げ出すのではなく、「揺れている間は地面にしゃがんで頭を守る」ということを教えた。頭上からの落下物に注意しなくては、けがをして避難できず、津波に巻き込まれる恐れがあるためだ。

その後、揺れが収まるであろうタイミングをみはからって、大津波警報が流れる。それを合図に、子どもたちは一番近い避難場所に避難を始める。サイレンや警報は、釜石市の防災課に依頼して、町中にある実際の防災無線から流してもらった。町の人たちも巻き込んだ、大規模な訓練だった。訓練実施にあたっては、先生たちが町中を子どものスピードで歩き、何分おきにスタートさせればよいかなど、事前の準備を重ねたそうだ。

釜石小学校の子どもたちに取材して、「三月一一日、学校で教わった中で一番役に立ったことは何？」と尋ねると、最も多かった答えが「下校時津波避難訓練」だった。

実は、子どもたちのこの答えはちょっと意外だった。訓練の様子を見学させてもらったのだが、友だちとふざけたり、おしゃべりをしたりと、どうにも真剣味が足りないように見える子が少なくなかったからだ。加藤校長も、「訓練で教えたことが、右から左に抜け

下校時津波避難訓練の様子

てしまっているんじゃないかと心配していたんです」と苦笑する。

しかし、多くの子どもたちが、「実際に走って逃げる訓練をしていたから、地震の時もすぐに体が動いた」と答えているということは、こうした実践的な訓練が、いざという時に、大きな効果をあげることが証明されたといえるだろう。

釜石小学校が「下校時津波避難訓練」を実施したのは、加藤校長が着任した二〇〇八年からだった。初年度は授業参観日に保護者も参加していたが、子どもたちが一人でいる時にも避難できるようにしたいと、翌年からは、児童だけで実施することになった。二〇〇九年、二〇一〇年と三度の訓練を行い、二〇一一年三月一一日が「本番」となったわけだ。

わずか三度の訓練でも、学んだことを生かして避難した子どもたち。「教育の力」がどれほど大きいものか、改めて感じさせられた。

「ぼく・わたしの安全マップ」

釜石小学校では毎年、「ぼく・わたしの安全マップ」と題して、避難マップの作成にも取り組んでいた。低学年は保護者と一緒に、三年生以上は自分で、家から学校までの通学路を歩き、危険な場所や避難場所などを調べ地図に書き込むというものだ。

子どもたちが実際につくったものを見せてもらった。「地震でかわらが落ちるかも」「かんばんが倒れそうで危険」など、様々な注意事項がイラストとともに書き込まれていた。自然災害時の危険だけでなく、「車が多いので危ない」「くま注意」（釜石小学校の学区内にはクマが出没する）など、身の回りの危険についても記されていた。

それぞれの「安全マップ」をもとに、子どもたちは地区ごとに集まって、危険な場所や避難場所を検討しあった。自宅の周辺だけでなく、友だちの家に遊びに行った時などにも、

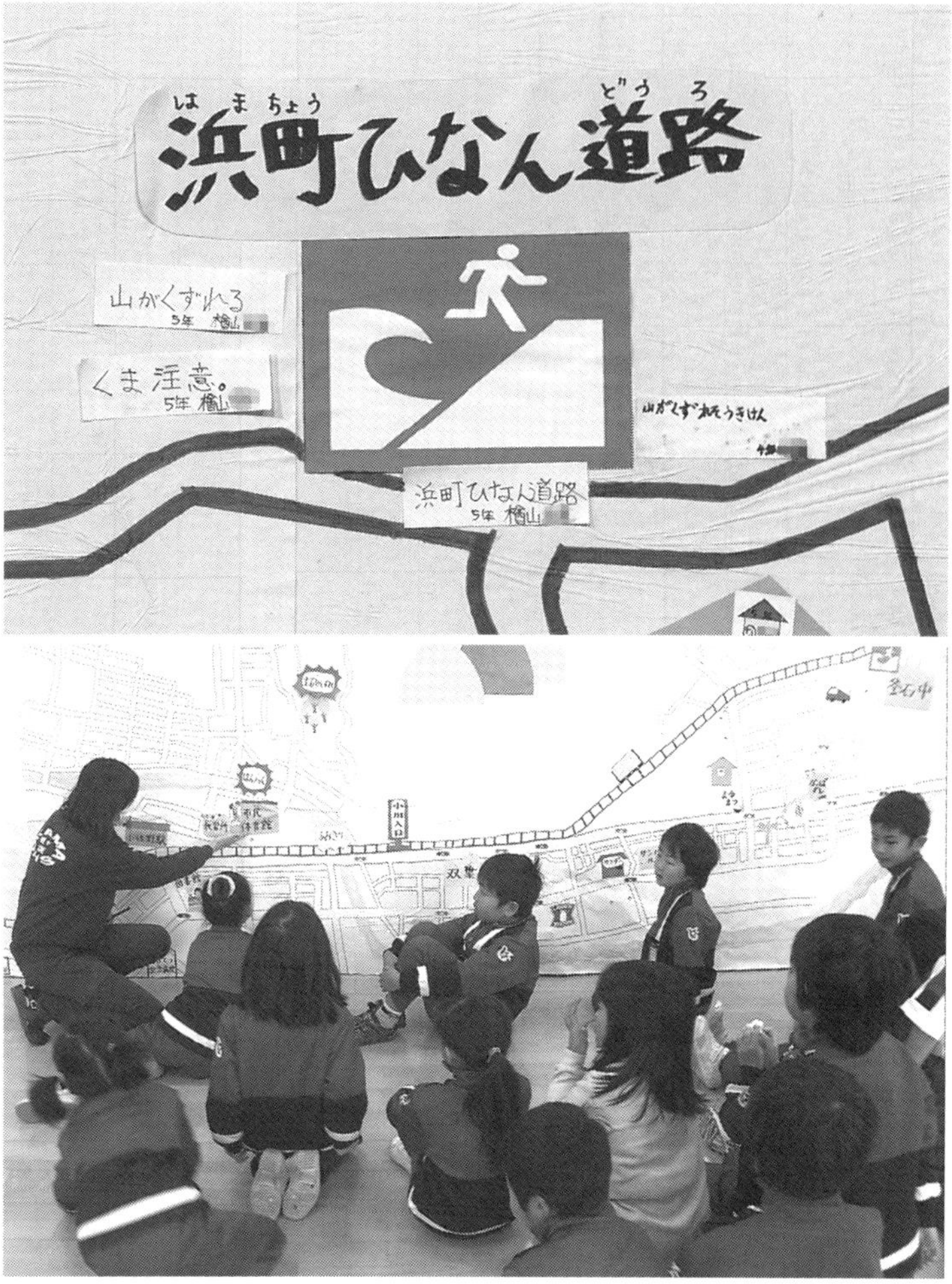

釜石小でつくられた「ぼく・わたしの安全マップ」

どこに避難すればいいか知っておくためだ。そして「危険情報」や「避難場所」を付せん紙に書いて、学区全体の巨大マップに貼っていった。出来上がった防災マップは学校内の目立つ場所に掲示され、「どこにどんな危険があるか」「どこに逃げればいいか」といった情報が、常に子どもたちの目に入るようにされていた。

第一章で紹介した子どもたちの証言からもわかるように、三月一一日、地震の揺れに恐怖を感じながらも、すぐに避難場所を思い出して迅速に避難できたのは、こうした学習を繰り返していたからだ。自宅から離れた場所で友だちと待ち合わせをしていた子どもも、迷うことなく近くの避難場所に向かうことができたそうだ。

一方、保護者の側も、「安全マップ」をつくるために、子どもと一緒に地域を歩くことで、防災意識が高まっていった。

お母さんたちは、「去年も安全マップをつくったのに、また同じものをつくるの？と面倒に思っていたんですが、地震の時は避難場所がどこにあるかすぐに思い出して、避難することができました」と話していた。

また、「子どもたちは、学校でどこに逃げればいいか教わっていることを知っていたので、迷わず『てんでんこ』ができました」と言う人もいた。「自分の子どもはきっと逃げている」

と、信じることができた背景には、学校の防災訓練があったのだ。

津波防災授業

「下校時津波避難訓練」「ぼく・わたしの安全マップ」に加えて、釜石小学校の防災教育の柱となっていたのが「津波防災授業」だ。

片田敏孝教授とともに作成した「釜石市津波防災教育のための手引き」を使い（釜石小学校からも二人の先生が参加し、「手引き」の作成に携わった）、各学年の発達段階にあわせて、津波とはどのようなものか教えてきた。授業は道徳や総合的な学習の時間をあてて、年に三〜四時間ほど実施していた。

その防災授業の様子を、いくつかのクラスで取材させてもらった。

最初に訪ねた四年生のクラスでは、アニメーションを使いながら、地震・津波が発生するメカニズムについての学習が行われていた。日本列島の周辺には四つのプレートが重なっていること、プレートは常に動いており、ひずみがたまってプレートの境界がずれたり崩れたりすると地震が起こること、地震によって生じた海水面の差が津波になることなどが解説され、子どもたちはみな真剣な表情で聞いていた。現場の先生方が作成した「手引き」を使っているだけあって、難しい題材であるにもかかわらず、子どもの関心を上手にひきつけていた。

この授業を通して子どもたちは、なぜ東日本大震災が発生したのか、その理由を正しく理解した。そして、「日本では、いつどこで再び大地震・大津波が起きてもおかしくない」という現実を知り、常日頃から災害に対応する準備が必要なのだと、心に刻んだようだった。

五年生のクラスでは、津波や避難に関する知識をマルバツで答えるクイズ形式で学んでいた。楽しみながらの授業ではあるが、クイズの内容はかなり高度で実践的なものだった。

「津波から避難する際は、『海から遠いところへ逃げる』。さて、答えはマルでしょうかバツでしょうか」という先生の質問に対して、多くの子どもたちは「マル！」と答えていた。

でも、答えは「バツ」。

「津波は川をさかのぼるため、海から離れていても安心はできません。近くても高いところへ避難するほうが適切です」という先生の解説に、「えー、ひっかけ問題だ！」と教室中から大ブーイング。しかし、子どもたちのノートには、「津波の時は遠いところより、高いところ」としっかり記入されていた。

こうした知識の積み重ねが、災害時には生死を分けることになると感じた。

取材の中で、最も印象に残ったのが、一年生の授業だった。一年生にとっては、この日が学校で受ける初めての防災授業だ。震災で怖い思いをした子もいるため、何を教えるべきか、先生は頭を悩ませたが、例年どおり、映像を使った授業を実施することにした。第一章の長谷川葵くんの証言にも出ていた、港湾空港技術研究所が作成した実験映像だ。

授業の冒頭で先生が、上下の幅を五〇センチに切った水色の模造紙を見せて、子どもたちにこう尋ねた。

「五〇センチの津波が釜石に押し寄せて来たとします。さあ、みなさんはどうしますか？」

「それぐらいの高さなら、歩いて逃げる！」

「泳げば大丈夫！」

子どもたちの多くは、それぐらいの津波なら全然怖くない！と考えていた。

「では、これを見てください」と、先生は実験映像を見せた。

波に向かって立っている男性のもとに、まず五〇センチの高さの「普通の波」が流れてきた。波は足もとで砕け、男性はびくともしなかった。

しかし、「五〇センチの津波」の場合は違った。水が壁のように押し寄せてくるため、男性はあっという間に足をとられて、流されてしまったのだ。その様子を、子どもたちは呆然と見つめていた。

映像を見終わった後、先生に感想を求められた子どもたちは、

「五〇センチなら大丈夫だと思ったけど、だめだってわかりました」

「大人の男の人でも流されてしまうんだから、子どもは絶対に流されると思いました」

「津波が来る前に逃げなければ、死んでしまいます」

など、迅速な避難の必要性を感じとっていた。

津波の映像や実験映像を子どもたちに見せることについては、賛否の声があるだろう。私たちの番組でも、東日本大震災の映像を使用するべきかどうか、スタッフ内で何度も議論した。

だが、防災授業の後、釜石小学校の子どもたちに、「テレビでは津波の映像は流さないほうがいいよね」と聞いてみたところ、意外にも、「流すべきだ」という答えのほうが多かった。「実際の津波の映像を見ないと、怖さがわからないから、子どもは逃げようとは思わないよ」というのが理由だった。

津波の映像を見て、気分が悪くなってしまう子どももいるだろう。だが、やみくもに恐ろしさを植え付けるのではなく、どうすればいのちを守れるのかということを併せて伝えていけば、効果的な防災教育につながるのだと、釜石小学校の子どもたちは示してくれたように思う。

「生きる力」を育む防災教育

釜石小学校が津波防災教育に取り組んだのは、加藤校長が着任した二〇〇八年からだ。盛岡の出身で、内陸の学校に勤務することが多かった加藤校長は、それまで津波防災に取り組んだことなどなかった。だが、釜石市に着任後、釜石市教育委員会の河東眞澄教育長（当時）から、「近い将来、宮城県沖地震が高い確率で起きるだろう。学校は安心安全の場であるように」と聞かされ、「これはやるしかない」と思ったそうだ。子どもたちから津波への危機意識がほとんど感じられなかったからだ。

「子どもたちや家庭の津波防災への意識は、お世辞にも高いとは言えませんでした。釜石市では昭和の大津波の日や、チリ地震津波の日に、市が主催した津波避難訓練が行われていましたが、訓練に参加する子は一割程度しかいませんでした。『家の人が逃げなくても大丈夫だと言ってるから』ということが理由でした。子どもや保護者だけでなく、先生たちの危機意識も希薄でした」と、当時を振り返る。

加藤校長は「これからは学校をあげて津波防災教育に取り組みましょう」と宣言したものの、当初、先生たちは諸手をあげて賛成したわけではなかった。防災教育にいくら時間を費やしても、いざという時にならなければその成果は見えない。片田教授と一緒に教材をつくるとなった際も、先生たちの間には戸惑いがあったそうだ。

「先生方には『ただでさえ忙しいのに、なんでこんなことを……』という思いがあったと思います。しかし、学校は安心安全の場でなければなりません。それに何をやるにも、いのちがあってこそ。だからまずいのちを大事にする教育に取り組もうと、先生方に話しました。

しだいに先生たちも、沿岸部に住む子どもが多い釜石小学校では、津波への対策を抜きにして学校教育は考えられないんだと、理解を示してくれるようになりました。お互いに授業を見せあって、今日のあそこはちょっとわかりにくかったねとか、今度はこういうふうにしようとか、みんなで話し合って進めてきました」

防災教育の重要性を保護者にも理解してもらうため、授業参観日に防災授業を実施したこともあったそうだ。「親御さんに見てもらったほうが、大人の防災意識も高まるだろう。学校でこういうことを指導していますよ。じゃ、家庭ではどうしたらいいですかってことを授業を見て考えてくれると思うので、できるだけ公開しようと思ってました」と加藤校長は話す。

保護者の中には、「ずいぶんと口うるさく逃げ逃げろと教えているんだな」と感じていた人もいたようだが、子どものいのちがかかっているだけに、「防災教育よりも学力向上につながる授業をするべきだ」という声はあがらなかったそうだ。

防災教育の中で、加藤校長が重視したのが、「自分のいのちに責任を持つ子どもを育てる」

ということだった。災害はいつどんなふうに襲ってくるかはわからない。周りの大人は逃げようとしないかもしれない。「それでもぼくは逃げる」と、主体的に判断し、自分のいのちを守る力をつけさせることが、何よりも大切だと考えたのだ。

しかし、一年に数時間程度の防災授業だけでは、とてもそんな力は身につけられない。そこで加藤校長は、普段の生活の中でも、ことあるごとに「いのちを守る大切さ」を子どもたちに語りかけた。

二〇〇九年六月一六日の全校朝会では、こんなことを話した。

「昨日六月一五日は釜石にとっては忘れられない悲しい日、忘れてはいけない日です。今から一一三年前の明治二九年六月一五日、明治三陸大津波のあった日です。

地震の二〇分後、海の水がさぁっと引いたかと思ったら、ものすごい高さの波が来たそうです。ものすごい高さというのは四〇メートルもの高さです。この学校の二倍か三倍になります。この釜石は、特に浜町や東前（子どもたちの家がある地域）のあたりで、家も人も町全体が海にのみ込まれ、亡くなった方がたくさんいた悲しい日です。

今、みなさんは防災マップづくりをしていますね。みなさんが、いつ、どこにいても、一人でいても、大きな地震が起きたら、津波が来る前に避難場所に逃げることができるようにするためです。自分の大切ないのちは、自分で守るようにするためです。

学校に来る途中や、帰り道に一人の時もあるでしょう。でも、家族を捜しに家に戻るのではありませんよ。近くの避難場所に行くのです。お父さんお母さんも、それぞれに近くのところで避難しているのですから大丈夫です。後で必ず会えます。だから自分一人でも逃げるのです。この釜石が、二度と明治三陸大津波のような悲しい思いをしないためです」

この全校朝会から一年九カ月後、釜石小学校の子どもたちは、まさに加藤校長の言葉どおりに行動したのだ。

「この震災で、『自然の猛威の前で人間は無力だった』という言葉をよく聞きました。しかし、そんなことはないと、子どもたちは示してくれました。釜石小の子どもたち、そして先生方は私の誇りです」と加藤校長は話す。

今、文部科学省は、学習指導要領の中で「生きる力」を育むという理念を掲げている。だが、子どもたちの「生きる力」を育むためには、教える側の先生たちの熱意や姿勢が問われるのではないだろうか。

釜石小学校では、先生たちが試行錯誤をしながら、一つひとつ防災教育を積み上げていった。たとえ釜石小の防災教育をマニュアル化しても、必ずしもすべての学校で効果があがるわけではないだろう。それぞれの学校や地域の実情にあったものをつくっていかなければ、マニュアルは単なる「絵に描いた餅」になってしまう。

大人のほうに、真正面からいのちと向き合う姿勢がなければ、子どもたちの「生きる力」は育めない。釜石小学校の先生方と子どもたちを取材してそう強く感じた。

第五章

反面教師としての「大川の悲劇」

ここまで「釜石の奇跡」の詳細と、「奇跡」が生まれた背景を紹介してきたが、これからの防災を考える上で、受け継ぐべき教訓がある。「大川の悲劇」だ。

石巻市立大川小学校では、東日本大震災によって、全校児童一〇八名のうち七〇名の児童のいのちが奪われ、四名の子どもたちの行方がいまだわかっていない。これほど多くの犠牲が出た学校は、大川小学校だけだ。

震災当時、子どもたちの多くはまだ学校に残っていた。教師の管理下にあったにもかかわらず、なぜ大勢の子どもたちが犠牲となってしまったのか。そんな疑問から、二〇一一年九月一四日、私たちは、クローズアップ現代「巨大津波が小学校を襲った～石巻・大川小学校の六か月～」を放送した。番組では、生存児童や保護者、付近住民などのインタビューを集め、あの日、大川小学校で何が起きていたのか、なぜ避難が遅れたのか、検証を試みた。

本来、こうした検証は、市や県の教育委員会、あるいは文部科学省などが公的にやるべきことだろうと思うが、当時、多角的な検証は全く行われていなかった。石巻市では大川小学校以外の学校も多数被災しており、余裕はなかったのかもしれない。しかし、遺族の中からは、「安全なはずの学校で、なぜ我が子は犠牲になったのか」「もう二度と教育現場でこんな悲劇は起きてほしくない」という思いから、検証を求める声が日に日に強まっていた。

当時六年生だった次女・みずほさんを失った佐藤敏郎さんはこう話す。

「乗り越えるということは、辛かったことを忘れて、次に行くということではないと思います。事実をきちんと受け止めて、二度と同じことが起きないようにしなくてはなりません。おそらく先生たちは、津波に巻き込まれながら、『あのときこうしていれば、子どもたちを救えたのに……』と、無念の思いで亡くなっていったと思います。その先生たちのためにも、絶対に検証は必要です」

「釜石の奇跡」と「大川の悲劇」――。二つの現場を取材して強く感じたのは、子どもたちのいのちを「守る」のも「奪う」のも、すべて大人の責任だということだ。

大川小学校では震災当時一三名の教職員が在籍しており、三月一一日に学校にいた一一名のうち一〇名が犠牲となった。これは断言できるが、先生たちは最後の瞬間まで、子どもたちを必死で守ろうとしていた。中には児童を抱きかかえるようにして発見された先生もいるという。それでも、校長をはじめとする大川小学校の教職員、そして管轄する石巻市教育委員会の、津波や防災教育に対する認識の甘さが、子どもたちのいのちを奪ってしまったという可能性があるのではないだろうか。

そして何よりも強調したいのは、教育現場を取材していると、大川小学校のような「悲劇」が起きる可能生がある学校は、全国にまだ無数にあるということだ。今のままでは、いずれ第二、第三の大川小学校が出ることは間違いない。

この章では、クローズアップ現代の取材を通して見えてきた「大川小学校であの日何が起きていたのか」を、放送では紹介することができなかった証言も交えてまとめるとともに、二〇一三年二月に立ち上がった「大川小学校事故検証委員会」の最終報告を踏まえながら、今後の学校・組織における防災のあり方を考えてみたい。

学校管理下で起きた事故

大川小学校は、海岸からおよそ四キロ離れた「釜谷」という集落に位置していた。学校の前には北上川が流れ、付近には田園風景が広がるなど、平和でのどかな小学校だった。しかし、大津波によって、この集落はまるごと消えてしまった。今はかつての面影は何一つ残っていない。

大川小学校は、昭和六〇年に河北町立大川第一小学校と大川第二小学校が統合して開校

多くの子どもが犠牲になった大川小

した。過疎化と少子化が進む中、子どもたちは「地域の宝」として大切に育てられていた。学校と地域住民の関係も良好で、運動会などの学校行事には、地域の人がたくさん参加していたそうだ。学校近くに住んでいた女性は、「いつも元気に『おはようございます』と挨拶してくれる可愛い子どもたちでした」と話してくれた。先生たちの評判もよく、子どもたちは毎日、学校に通うのを楽しみにしていた。

日本の田舎町ならどこにでもありそうなのどかな小学校が、なぜ大きな悲劇に見舞われることになったのか。大川小学校を取材して、最初に抱いた疑問だった。

これまでに学校や教育委員会などが発表した資料によると、大川小学校の事故の概要は次の通りだ。

三月一一日、学校には在籍する一〇八名の児童のうち一〇三名（二名は欠席、二名は早退、一名は下校済み）、教員一三名のうち一一名が学校にいた。柏葉照幸《かしばてるゆき》校長は、この日は午後から休暇をとっていたため不在だった。

地震発生時の午後二時四六分、どの学年もすでに授業は終えていた。「帰りの会」をするクラスもあれば、下校しようとする子どもたちもいた。四年生は教室で歌の練習をしていたそうだ。地震の発生と同時に、教室にいた子どもたちはすぐさま机の下に隠れた。泣いている子や、混乱してしまった子もいたようだ。揺れが収まると、児童は校庭へ避難を開始した。

学校には子どもを引き取ろうと、保護者も次々と駆けつけた。さらに、学校は津波の際の指定避難所になっていたため、地域の人たちも避難してきた。生存児童の証言によると、余震におびえ泣き出す子や嘔吐する子もいるなど、校庭は騒然とした雰囲気だった。

教職員は児童を落ち着かせると同時に、保護者への引き渡し、地域住民への対応などに追われていた。このまま校庭にいては危ないのではないか、学校の裏山に逃げるべきではないかという意見も出たが、結局、子どもたちを校庭に残し続けた。

「三角地帯」と呼ばれる付近の堤防と同じ高さの場所に向かって避難を開始したのは、午後三時三五分頃だった(この時間については様々な意見がある。詳細は後述する)。

そして午後三時三七分(校内の時計の多くがこの時間で止まっていた)、巨大津波が大川小一帯を襲った。保護者等への引き渡しにより下校した児童二七名を除く児童七六名が、津波にのまれた。奇跡的に助かったのは、一年生の女児一名、三年生の男児一名、五年生の男児二名、あわせて四名だけだった。教職員も一一名のうち一〇名が死亡した。

大川小学校の近隣には五つの小中学校がある。校舎が全壊した学校もあるが、ほとんどの学校は安全な場所に子どもたちを避難させていた。学校の管理下でこれほど大きな被害が出たのは、被災地全体で見ても大川小学校だけだ。

大川小学校の「あの日」を振り返った時、最大の疑問は「なぜ避難が遅れたのか」という点だ。地震の発生は午後二時四六分。津波が来襲したのは午後三時三七分。五〇分以上もの時間があったにもかかわらず、教師たちが子どもたちを避難させなかった理由は何だったのか。

私たちは津波に襲われるまでの五一分間を明らかにするべく、取材を始めた。

地震発生から午後三時一五分頃まで

地震の後、子どもたちは校庭へと避難した。大川小学校では火災、地震、不審者を想定した避難訓練を行っていたことから、校庭への避難は比較的速やかに完了していたようだ。児童や保護者の証言などをあわせると、午後三時前には、子どもたちは校庭に整列していたと思われる。

午後三時頃に低学年の息子を迎えに行った母親は、先生たちが、パニックを起こしている子どもたちを「大丈夫だからね」と励ましたり、名簿を持って保護者への引き渡しに対応したりしていた様子を見ていた。慌ただしい中でも、冷静に行動しているようだったと言う。

午後三時一〇分頃に孫を迎えに行った女性も、次のように話す。

「学校に着いた時には、二〇台ぐらいの車がありました。子どもたちはしゃがんで先生の話を真剣に聞いていて、中には泣き出しそうな子どももいました。先生たちは一生懸命、面倒を見ていましたよ。真剣なまなざしで、てきぱきとやっているなという感じがしました。孫の名前を先生に言って、『迎えに来ました』と伝えたら、名簿をチェックしてすぐ帰してくれました。その時、先生から北上大橋の状況も聞かれました」

北上大橋は、学校の前を流れる北上川にかかる橋だ。教師がなぜこの橋のことを聞いたのか理由はわからないが、女性が「橋は大丈夫でしたけど、信号は止まっています」と答えると、「北上大橋もたいへんですから、気をつけて行ってくださいね」と声をかけられたそうだ。

実は、この女性は、ある重要な情報を持っていた。北上川の水量が異常に減っているという、「異変」に気づいていたのだ。孫を迎えにくる途中で、車中から見えたそうだ。

「水の量がいつもの半分ぐらいもなかったです。底のほうが見えていて、長くここに住んでいるけど、そんなのは初めてでした。あぁこれは津波が来る……と思ったんです」

津波の危険を感じていた女性だが、そのことを大川小の先生に伝えることはできなかった。孫が歩けないほど震えており、急いで車に乗せなくてはならなかったのだ。また、先生たちのほうも、児童への声かけなどの対応でバタバタしていたため、ゆっくり話ができる雰囲気ではなかった。

校庭にいた先生たちは、この女性のように、川の異変に気づくことはできなかったのだろうか。残念ながら答えはノー、できなかった。北上川の川両岸には高い堤防があることや、校舎が遮るような形となっていたため、校庭からは川の様子が全くわからないのだ。

だが、もしこの時、先生が誰か一人でも川まで行って、水位が異常に減っていることを確認していたならば、もっと早く子どもたちを避難させていたのではないだろうか。

一方、校庭では、先生と避難してきた住民との間で、避難場所をめぐる協議が続いていた。学校の裏には山があるため、「山に逃げよう」という意見が出ていたようだ。

津波に巻き込まれながらも奇跡的に助かった只野哲也くん（小五）は、先生たちと住民とが、「もめていた」と記憶している。

「山さ逃げよう、いやお年寄りもいっから三角地帯だとか。けっこうきつい言葉で言い合ってました」と、哲也くんは話す。

三角地帯は、学校から歩いて一、二分ほどのところにある場所で、学校よりも海抜は高いものの、堤防や北上大橋と同じ高さだ。

この頃、六年生の娘を迎えに来た母親は、ラジオで「六メートルの津波が来る」という情報を聞いていた。そのため娘の担任に、「津波が来るから山に逃げて！」と伝えたそうだ。だが、担任からは、「落ち着いてください、お母さん」と言われただけだった。

高学年の男の子も、泣きながら、「山に逃げよう！」と先生に訴えたという証言もある。だが、こうした意見を受け入れて、避難を開始するということにはならなかった。

学校の周辺でも、「津波が来る」という緊迫感は、ほとんどなかったようだ。近くの集落に住む三條正也さんは、高台へ避難するため車で学校の前を通った時、スクールバスがあるのを目にした。

「スクールバスが校門の前に止まっていたので、『運転手さん、どこまで行くんですか』って話しかけたら、『子ども乗せて長面（海に近い地区）さ行く』って言うから、『津波くっから、のまれてたいへんだから、避難してください！』って言ったんですよ。そしたら、運転手さんがドアをあけて降りてきて、『あぁそうですか』って言うだけで。たいした反応がなかったです」

スクールバスの運転手だけでなく、住民にも危機感はなかったようだ。地震の揺れに驚いて家の外に出てきたものの、「避難したほうがいい！」と訴える三條さんの言葉に従う人はいなかった。

午後三時一五分頃から午後三時三五分頃まで

午後三時一五分を過ぎても、校庭では子どもたちが待機したままだった。当初は整列していたが、しだいに列が崩れて、円のようになっていたという証言もある。

午後三時二〇分頃に子どもを迎えに来た母親は、「先生たちは子どもの引き渡しでいっぱいいっぱいのようでした」と言う。

正確な時間はわからないが、午後三時二〇分頃まで学校にいた別の母親は、先生の一人が、集まっていた地元の人たちに「山に登っても危なくないですか？」「小さな子どもたちが登っても大丈夫ですか？」と必死に聞き回っていたと話す。


この頃、東北の沿岸部ではすでに津波が到達していた。NHKでは、午後三時十分台には、釜石港で津波が岸壁を超えていく光景、トラックが流される映像をライブ中継していた。

スクールバスの運転手に声をかけた三條さんは、その後、海へ向かって車を走らせていたそうだ。「自分でも、なんで海のほうに行ったかわかんないだが、津波を見ようと思ったのかな……」と言う（「危険な行動だった」と、三條さんは話している）。

途中で海の方向を見た時、三條さんは信じられないような光景を目にした。海岸にある防潮林の松の上から、波が超えるのが見えたのだ。

「もう、見た瞬間びっくりしました。これはやばい！　たいへんだ！と思って、すぐ車をUターンさせて戻りました」

引き返す途中で、役場のジープと思われる車が来るのが見えた。三條さんは、「津波に殺されるぞ！早く逃げろ！」と大声で呼びかけた。ただ避難しろと言っても誰も本気にしないと思ったため、「殺される」という言葉を使い、危険がすぐそこに迫っていることを伝えたかったと言う。ジープはすぐにUターンし、「避難してください！」とマイクを使って住民に訴えたそうだ。

午後三時二五分頃、学校の前にも役場の車が通り、「津波が海岸の松林を超えてきました。高台に避難してください」と警告した。

しかし、学校では、子どもたちは、まだ校庭に留まり続けた。

北上川のすぐ近くに自宅があった木村伸三（仮名）さんは、ラジオで「女川《おながわ》（石巻の隣町）に三メートルの津波が来た」と聞いて不安になり、川の様子を見ようと堤防に上がった。すると、驚いたことに、すでに水位は堤防を超えるほどになっていた。

「水がババババと堤防を超えようとしていた。これは何だ!?　津波だ！と思って、急いで車で交流会館へ逃げました」

「釜谷交流会館」は、大川小学校に隣接する公民館のような場所で、町の避難所にも指定されていた。木村さんの家からは、車で二分ほどで到着できる距離にある。その交流会館に向かおうと、木村さんが急いで家を出たのは三時半頃だったと言う。逃げる途中、木村さんが大川小の校庭を見た時には、まだ、子どもたちの姿があったそうだ。

午後三時三五分頃から津波来襲まで

危険が迫りくる中、子どもたちは、一体いつまで校庭に残されていたのだろうか。様々な証言をあわせると、どうやら午後三時三五分を過ぎた頃に、ようやく避難を開始したようだ。向かったのは学校の裏山ではなく、三角地帯だった。

孫を迎えに来ていた男性は、子どもたちが移動する様子を見ていた。急ぐ様子はなく、「遠足に行くような感じで歩いていたように感じた」と言う。子どもたちの列が道路をふさいでいたので、車を出すことができず、その場で待っていたそうだ。

子どもたちを避難させるにあたって、教頭が先に校門から出て外の様子を見に行った。だが、移動を始めて間もなく、教頭は戻ってきて、「津波が来ているから急いでください！」と叫んだ。列の中にいた只野哲也くんは、「これはやばい！」と感じ、駆け出した。列の先頭に出た時、目の前から津波が来るのを目撃。慌てて引き返し、山の斜面を駆け上がろうとしたが、津波にのみ込まれてしまった。哲也くんは奇跡的に斜面に打ち上げられ助かったが、ほとんどの子どもたちは波にさらわれてしまった。当時三年生だった哲也くんの妹・未捺ちゃんも犠牲となった。

釜谷交流会館に逃げていた木村さんも、必死になって山に登った。バリバリという轟音の中で聞こえてきた、「助けてください！」と言う声が、今も耳から離れない。

「声が聞こえたの。子どもの声だか、大人の声だか、『助けてください』って。でも、だんだんと声が小さくなってさらわれていくの。流されていくんだべな。何ともなんなかった……」

何が避難を阻んだのか

大川小学校の悲劇を取材すればするほど、津波が到達するまでにいくつもの「兆候」があったにもかかわらず、「なぜ逃げられなかったのか」という疑問が深まっていく。

午後三時頃には川の水位は異常なまでに引いており、教職員の誰か一人でも川の様子を確認していれば、危険が迫っていることはすぐにわかったはずだ。また、「山に逃げよう」

という訴えは保護者や児童からあがっており、教員の間でも検討をしていたと言う。裏山では、授業でしいたけ栽培をしていたこともあり、子どもの足でも登ることは可能だったようだ。

さらに、ラジオや防災無線でも避難の必要性を呼びかけていた。石巻市の隣町の女川町に、三メートルの津波が来たというニュースも流れていた。

こうしたいくつもの情報が、避難に結びつけられなかったのはなぜか。

私たちは取材の過程で、ある資料を入手した。大川小学校が震災前に作成していた「地震（津波）発生時の危機管理マニュアル」だ。それを見ると、「第一次避難」は「校庭等」とされていた。また、「火災・津波・土砂・くずれ・ガス爆発等で校庭等が危険な時」の「二次避難」は、「近隣の空き地・公園等」とされていた。だが、どこに逃げるのか「具体的な場所」については、全く記載されていなかった。そして私たちが取材した限り、大川小学校の周辺で、津波避難にふさわしい「空き地・公園」に該当する場所はなかった。

大川小の「地震（津波）発生時の危機管理マニュアル」の中には、「保護者等への児童の引き渡し」という項目もある。しかし、引き渡し訓練が実施されたことは一度もなく、「災害時に引き渡しを実施するという決まりも特になかった」と保護者は言う。三月一一日は、

「子どもが心配だったから、学校に迎えに行った」と言う人が多かった。

この二つの事実をとらえても、大川小学校が作成したマニュアルは、具体的に津波被害を想定した内容にはなっておらず、形骸化したものだったといえるだろう。学校側の防災体制の不備が、最悪の結果を招いた可能性は否定できないのではないだろうか。


では、「山へ逃げる」という選択肢があったにもかかわらず、結局、海抜の低い三角地帯へ避難することになった理由は何だったのだろうか。

こうした行動の理由については、先生の多くが亡くなった上、当時学校に避難していたと思われる地域住民の生存者も確認できなかったため、今となっては客観的な事実を積み上げていくことは難しい。

ただ、一つ明らかなのは、津波への危機意識が希薄だったのは、先生たちだけではなく、地域住民もそうだったということだ。私たちは、津波に巻き込まれながら奇跡的に一命をとりとめた、六〇代の地元住民の女性に話を聞かせてもらった。

この女性は、学校のすぐ近くで飲食店を経営していた。一緒に住む息子から、何度も避難を促されたものの、「もうすぐ宅配便が荷物を取りに来るから」と、避難しなかったそうだ。息子はラジオで津波に関する情報を聞いていたため、「早く逃げろ！」と怒鳴ったと言う。女性は仕方なく釜谷交流会館へ向かった。到着した直後、津波が迫っていることに気づいた木村伸三さんが、「山！　山！」と大声で叫んでいるのを聞いて、慌てて山に上がろうとしたが、その途中で津波にのみ込まれた。女性は山に打ち上げられ九死に一生を得たが、息子は帰らぬ人となってしまった。

大川小学校があった釜谷地区では、震災で一七五名の住民が犠牲となり、生存者はわずか三四名だった。私たちの取材に協力してくれた三條正也さんの証言からもわかるように、逃げるよう呼びかけても、ほとんどの人が「ここまで津波は来ない」と、避難の必要性を感じていなかった。

しかし、だからといって、「教職員が避難の必要性を感じられなくても仕方がなかった」という考えは許されるものではないだろう。教育現場において、子どものいのちは他の何よりも優先されなくてはならない。「大川小学校事故検証委員会」は、報告書の中で、大川小の防災体制について次のように分析している。

災害対応マニュアルの具体的かつ十分な検討が進まず、その周知・共有も十分とは言えない状況にあったものと推定され、その意味で、同校の防災体制の運営・管理は必ずしも十分ではなかったと言わざるを得ない。そして、こうした平常時からの防災体制のあり方が、事故当日の教職員の危機意識と判断・行動の背景要因となった可能性は否定できない。学校の運営・管理を担う立場の者は、より強い牽引力をもって、同校の防災体制を推進する必要があったものと考えられる。

残された人々の悲しみ

大川小学校の関係者への取材は、これまでの取材経験の中で、最も辛く苦しいものだった。

私たちは、保護者の方から一本のビデオテープをお借りした。震災前年の五月に開かれた、大川小学校の運動会の様子が撮影されていた。

徒競走や親子での障害物競走、応援合戦など、元気いっぱいの子どもたちの姿があった。その様子をおじいちゃんやおばあちゃん、地域の人々が笑顔で見守っていた。幸せな光景だった。ビデオテープに写っているほとんどの子どもたちのいのちが、この一〇カ月後に消えてしまったのだと思うと、やりきれない思いになった。

遺族の中には、ようやく授かった一人っ子を失ったという人もいる。三人の子どもを一度に失った親もいる。「先生たちも必死だったんだよね」と思う一方で、「先生の言うことを聞くんですよ、なんて教えるんじゃなかった」と、自分自身を責め続けていた。「死んで子どもたちに会うことだけが楽しみだ」と語る人も少なくなかった。我が子を失った悲しみは、どれだけ時間がたっても決して癒えることはない。

一度に多くの子どものいのちが失われた悲しみは、地域にも深い影を落としていた。震災から初めてのお盆を迎えようとしていた夏、大川小学校区のある地区で、子ども会の廃品回収が再開されるということを聞いて、取材にお邪魔させていただいた。

その地区では震災前には八人の小学生がいたが、津波で六人が犠牲となってしまった。本来、子ども会の活動は小学生が中心だが、子どもがいなくなってしまったため、中学生も参加することになった。

廃品回収の後は、「バーベキュー大会」が開催された。「こんな時にバーベキューなんて……」という声もあったが、亡くなった子どもたちが楽しみにしていたからと、予定どおり行うことになった。地域にボランティアに入っていた大学生の若者たちも参加して、盛大な会となった。みんなこの日は、精一杯の笑顔を見せていた。

だが、お酒が進んだこともあるのだろう、夜になると地域の人たちは、辛い思いを語り始めた。消防団の男性は、「震災直後、大川小学校の子どもたちはみんな無事だと思っていたんだ」と話していた。翌日、現場に救助に向かうことになった時、子どもたちがおなかをすかしているだろうと、リュックサックに大量の水や食べ物を積み込んで出かけたそうだ。しかし、目にしたのは、変わり果てた学校の姿だった。子どもたちの遺体を捜索することになるとは夢にも思っていなかった。

この地区にも、昔は大勢の子どもが暮らしていた。しかし、過疎化で人口が減り学校も統合される中、子どもたちはまさに「地域の宝」だった。

「地域の子どもがいっぺんに六人もいなくなってしまった悲しみを、あんたらにわかるか」と、消防団の男性は涙声で訴えた。「大川小学校というとマスコミはすぐに飛びついてきて、何でもかんでもニュースにするが、そういう態度には本当に腹が立つ。どんな思いでみんな生きているのか、ちょっとでもわかってくれ」と厳しく忠告されたことを忘れることはできない。

助かった子どもの親も、「ウチの子だけ助かって申し訳ない」と、深い苦しみを抱えていた。スーパーで買い物をしている時に遺族を見かけると、商品棚のほうを向いて目を合わさないようにしているという人がいた。「笑っていると思われたくない」と、ずっとマスクをかけている人もいた。

避難所でも辛い思いが続いたそうだ。

「子どもが残っているのはウチだけだったんです。私たちは黙っているべきで、何も言っちゃいけないと感じていました。こっちからはなかなか話しかけられなかったです」

とある母親は話している。

子どもを亡くした親と、生き残った子どもの親。置かれた立場の違いによって、わだかまりが生まれてはいけないと、強く感じる人もいた。前述した只野哲也くんの父・英昭《ひであき》さんだ。英昭さんは、娘の未捺ちゃん、妻、父の三人を失った。

「壁ができているような状況です。子どもが亡くなっている人が『気の毒だから』って、なかなか接しにくい部分はあると思うんです。でも、亡くなった子どもたちは、こんな状況を望んでいないと思うんです。絶対に」

遅れた検証

災害現場だけでなく、事件や事故の現場を取材していると、必ずといっていいほど、「なぜこんなことが起きたのか、真実が知りたい」と検証を求める遺族の声を聞く。愛する家族のいのちが奪われた理由や背景がわからなくては、いつまでも「死」を受け止めることができないためだ。

大川小学校でも、震災直後からこうした声はあがっていた。

二〇一一年四月九日、石巻市教育委員会が初めての保護者説明会を開催。柏葉照幸校長（当時）とともに、教職員の中でただ一人助かったA教諭も出席し、「倒木があったため山には登れなかった」と、当時の状況を語った。

だが、A教諭の話した内容の中には、遺族が得ていた情報とは異なる部分もあり、納得できる説明がつくされたとはいえなかった。遺族は、「本当のことを知りたい」と、さらなる説明を求めた。

六月四日には石巻市の亀山紘《ひろし》市長も出席し、二回目の説明会が開催された。遺族の一人がこの時の様子をビデオに記録していたため、その映像を見せてもらった。

冒頭、進行役が、「八時頃をめどに終了させていただきたい」と告げた。つまり、説明会を一時間で切り上げるというのだ。七四名の子どもたちが死亡・行方不明となっているにもかかわらず、わずか一時間で説明を終えるという教育委員会の態度に、遺族は怒りと不信感を募らせた。

説明会は、遺族が出した「五つの要望」に答える形で行われた。

◎地震発生から津波到達までなぜ校庭に留まり続けたのか
◎第一回の説明会では学校の裏の山は倒木のため上がれそうになかったと言うが、山に行って確かめたのか
◎大津波が来るという情報を得ていなかったのか
◎とにかく早く高いところへという意見はなかったのか
◎三角地帯へはどのタイミングで、どのような経路をとって行ったのか

これに対し、教育委員会の回答は、一〇分足らずで終了した。また、質疑の途中で「時間なので」とされて、説明会は終了した。

この頃から、遺族の有志が集まって、定期的に会合がもたれるようになった。子どもを失った悲しみを互いに語り合うとともに、「あの時何があったのか」を検証しなくては、第二・第三の「大川の悲劇」が生まれると強く感じるようになった。

「この子たちの死を無駄にしてほしくない。しっかりと事実検証をして、全国の学校防災に生かしてもらわないと、子どもたちが浮かばれない」

「事実を知ることは怖いことだし、聞きたくないことも出てくるかもしれないけど、それを知るのが親の義務だなって。それを逃げたら、お父さんお母さんがんばったよって、あの子たちに会いに行けない」

事実を明らかにし、二度と悲劇を繰り返さないようにすることに、生きる意味を見いだそうとする遺族もいる。その一方で、遺族の中には、「検証をしたところで、亡くなった子どもが戻ってくるわけではない」と感じる人も少なからずいる。

いくつもの思いが交差しながらも、検証を求める声は収まることはなかった。

二〇一二年八月、遺族の有志は独自の検証チームを立ち上げた。そして、九月一一日、文部科学省を訪れ、検証の必要性を訴えるとともに、国も検証作業に関わるよう求める申し入れ書を、平野博文文部科学大臣（当時）に手渡した。

翌二〇一三年二月、ようやく外部の識者一〇名が委員を務める「大川小学校事故検証委員会」が立ち上がった。

検証のための第三者委員会の人選は国が行った。委員長はひょうご震災記念21世紀研究機構副理事長、神戸大学名誉教授の室崎益輝《よしてる》氏。会見で「なぜ逃げることができなかったのかを、あらゆる可能生を排除せずに議論して、再発防止につなげたい」と語った。

委員の中には、被害者遺族の視点が必要だとして、一九八五（昭和六〇）年に起きた日航ジャンボ機墜落事故の遺族会の事務局長を務める美谷島邦子氏も選出された。

遺族はこれまで以上の踏み込んだ調査に期待した。

「悲劇」の教訓

二〇一三年二月七日に始まった「大川小学校事故検証委員会」の検証会議は、翌二〇一四年一月一九日まで九回にわたって開催された。この会議とは別に、遺族や関係者などへの聞き取り調査や資料収集も行われた。検証のための資料の中には、私たちが制作した「クローズアップ現代」、そして仙台放送局が制作したＮＨＫスペシャル「わが子へ～大川小学校　遺族たちの二年～」も採用されている。

二〇一四年二月には、委員会から「大川小学校事故検証報告書」が提出され、再発防止に向けての提言が示された。

委員会は事故にいたった背景をどのように分析したのだろうか。そして二度と同じ悲劇が起きないようにするには何が必要だと提言したのだろうか。

二〇〇ページを超える報告書を読んだが、私たちが震災半年後に取材した内容と大差はなく、「新事実」はほとんどないように感じられた。「なぜ子どもたちは校庭に居続けたのか、なぜいのちを落とすことになったのか、核心に向けた議論をしてほしい」と求めてきた遺族からは、「こんな検証では十分だ」と、怒りの声があがった。

室﨑委員長は第一回の会合で、「疑わしきは取り上げる」「証拠がないからこれはだめだということにしない」と発言していたが、当時のことを知る生存者は限られており、震災から三年近くたつ中で、事実確認は困難をきわめ、報告書には採用されなかった部分も多かったのではないかと思われる。私たちが震災半年で証言を集めた時でさえ、時間や行動の記憶が薄れ、事実に迫りきれないことがあった。もっと早く検証の場が設けられていれば、深層に迫ることは可能だったのではないだろうか。

その一方で、報告書からは、「大川小学校の事故を今後の学校防災の教訓としていきたい」という、検証委員会のメッセージが伝わってくるように感じられた。多くの児童が犠牲となった背景について、次のような分析を加えている。

同校（大川小学校）の教育計画に定められた災害対応マニュアルは、津波災害を具体的に想定し、その際の対応を十分に検討したものではなかったと推定される。

同マニュアルの策定直前から事故発生までの間には、（中略）少なくとも三回、校長・

教頭・教務主任を含む教職員間で津波対策が話題となる機会があった。しかしその際には、三次避難先として、校舎の二階や学校裏山などが挙げられたものの、その具体的な検討は進まず、津波災害を想定した三次避難先の決定には至らなかったものと推定される。（中略）これらのことから、大川小学校の災害対応マニュアルにおいては、より具体的な検討の必要性があり、それが認識されながらも、必要な検討が進められないまま、具体性・現実性に欠ける計画となっていた部分があったものと推定される。（中略）今後、学校現場における防災体制の運営・管理を充実・強化する上では、その運営・管理責任者がこれを強く推進していくためのリーダーシップを身につける（中略）ことが重要である。

市教育委員会においては、（中略）提出された災害対応マニュアルの内容を確認し、具体的な対策の状況を把握して必要な指導・助言などを行う体制をとっていなかったものと推定される。

「推定される」という言葉が多用されるなど、表現は遠回しではあるが、子どものいのちを守るべき学校で、学校長のリーダーシップが欠けていたこと、そして教育委員会も責任を果たしていなかったと、厳しい評価を下していることが読み取れる。

釜石小学校と大川小学校を取材して、最も強く感じた違いもまさにこの点だった。成果が見えにくい防災教育は、国語や算数などの教科学習と比べると、おざなりになりがちだ。それでも釜石市では「子どものいのちを守る」ため、教育長や学校長が主導して防災教育を進めていった。

事故検証委員会は、「誰かの責任追及をするものではない」としながらも、事故にいたった背景を分析する中で、校長、教育委員会がその役割を果たしていれば、これほど多くのいのちが奪われることはなかったのではないか、という見解を示したように私には感じられる。今後二度とこのような悲劇が起きてはならないと、教育現場のトップに立つ者への「警告」ととらえるべきではないだろうか。

「この程度の言及では単なる一般論にしかならない」という意見があることは承知しているが、責任追及を目的としない第三者委員会の立場として、これが最大限可能な表現だったと思われる。全国の教育現場で、このメッセージが受け止められることを願いたい。

問われた「事故後の責任」

事故検証委員会がまとめた報告書の中には、「事後対応に関する分析と評価」という項目もある。事後の対応を調査・検証しても、今後の事故の軽減にはつながらないという意見もあったが、遺体捜索や事故に関する調査、説明などの対応が不適切であるために、多くの人が傷ついたことは、それもある種の「事故の被害」といえるのではないかとして、調査・検証の対象となった。

その中で事故検証委員会は、柏葉校長が大川小学校の現地に初めて入ったのが、震災から六日後の三月一七日であったという事実をとらえ、

学校の最高責任者である校長が（中略）大川小学校の被災状況について少しでも早く自分の目で確認することは極めて重要である。

と、指摘している。

さらに石巻市教育委員会が開催した保護者への説明会のあり方についても、次のような評価を下している。

第二回保護者説明会では、冒頭、教育委員会側から「八時頃をめどに終了させていただきたい」という言葉があったが、これは説明会を一時間で終了させるという意味である。その理由がどこにあったとしても、説明会の冒頭から一時間で終了すると宣言する態度は、我が子の最期についてできるだけ詳しく知りたいという遺族や、少しでも行方不明児童の捜索に役立つ情報を得たいとする保護者の心情を、大きく傷つけるものであった。

そして、大川小学校の問題に対する亀山市長を含む行政の姿勢についても、次のように言及した。

石巻市役所において大川小学校の問題は教育委員会任せにし、市長を含めて市役所全体の問題として対処する姿勢がなかったことを示すと推定される。さらにこの姿勢が、保護者説明会の開催やその持ち方にも影響を与え、市と遺族・保護者との乖離をより大きくした可能性がある。そして、その後の話し合いにおいても、遺族と石巻市及び市教育委員会との距離は縮まることはなかったものと推定される。

大川小学校の取材をしていると、校長や教育委員会、市長らが、あまりにも遺族の感情を軽んじる発言や態度を繰り返すことに、激しい怒りを覚えることが多かった。説明が不十分な上、内容も二転三転していて、多くの子どもたちのいのちが奪われた事実を、重く受け止めているようには見えなかった。このことが、遺族や地域の人々の悲しみを深めていったことは間違いない。

あいまいな表現は含まれているものの、公正中立の立場をとる検証委員会が、最終報告書で、校長や市長らの姿勢を問うたことは評価できるように思う。

A教諭の証言を求める遺族

だが、遺族の中からは、「報告書の内容は納得がいかない」という声があがった。「検証は不十分。裁判を通じて真実を究明したい」と、報告書が提出された九日後の三月一〇日、二三人の児童の遺族が、石巻市と宮城県に対し、一人あたり一億円、あわせて二三億円の損害賠償を求める訴えを仙台地方裁判所に起こした。

遺族の一人は、「学校の管理下の子どもを誰がどのように守るのかはっきりさせるためにも、真実と責任の所在を明らかにしてほしい」と、提訴の理由を語っている。

こうした訴訟の話は、震災直後からあがっていた。だが、学校や教育委員会と対立しても、亡くなった子どもたちは戻ってこない、それよりも話し合いを通じて、今後の教訓として生かしていくべきだと遺族たちは考えていた。それなのに、ここまで溝が深まったのは、やはり学校と教育委員会の対応に問題があったからではないだろうか。

石巻市と宮城県はいずれも、「専門家にも予測できなかった未曽有の大津波であり、学校まで津波が来ることは教職員が予測することは不可能だった」などと主張し、訴えを退けるよう求めている。

また、遺族側は、震災当日に在校していた一一名の教師のうち、唯一、生き残った教務主任のA教諭を証人として法廷に呼ぶように求めている。

実はこのA教諭に対しては、私たちには複雑な思いがある。というのも、もう二〇年近く前のことになるのだが、取材班のディレクターの一人がA教諭を取材し、番組を放送していたからだ。

当時、A教諭は石巻市内の別の小学校で教鞭をとっていた。大学時代にニホンザルの生態について研究していたことから、A教諭は教師になってからも、休日には子どもたちと一緒に近くの山に入り、動物や植物を観察する会を開いていた。野生のサルを追いかけたり、毒を持つ植物が生えていることを知って驚いたりと、好奇心いっぱいの子どもたちにとって、身近な自然は絶好の学びの場だ。A教諭は、「自然からもらった驚きや感動を心の中にとどめて、大人になった時に花開かせてほしい」と語っていた。子どもたちもA教諭のことを「何でも一緒に考えてくれる先生」「まじめで、優しくて、楽しい先生」と慕っていた。

A教諭は、「自然の厳しいおきて」についても子どもたちに教えていた。山に入って鹿の骨を見つけた時には、子どもたちと一緒にそれを集め、教室でさらに詳しく調べた。初めて見る動物の骨に戸惑う子もいたが、「生まれるいのちがあれば、死んでいくいのちもあるんだよ」と、A教諭は優しく諭した。子どもたちとA教諭の姿は、一五分のドキュメンタリー番組にまとめられて放送された。

しかし震災後は、そのA教諭の発言が、保護者の学校への不信感を高めるきっかけとなった。

四月九日に開催された第一回の説明会で、A教諭は、「自分も波をかぶって、もうだめだと思った」と語った。だが、震災当日の夕方、A教諭が生存児童の一人とともに助けを求めて入った民家の女性は、「先生は背広を着ていたが濡れていなかった」と話している。また、「靴もなくなった」とA教諭は話しているが、「先生は靴を履いていた」と、これも証言が食い違っている。

私たちが知っているA教諭は、自分の利益のためにウソをつくような人物ではなかった。子どもたちと真っ正面から向き合う教育者だった。A教諭の証言に矛盾があるとするならば、震災のショックで記憶があいまいになっているためだと信じたい。

「クローズアップ現代」を制作する際、私たちはA教諭やその関係者に、何度も手紙を書き、真実を語ってほしいと伝えたが、A教諭の精神状態が不安定であることなどを理由に、取材には応じてもらえなかった。「あの日、何があったのか知りたい」と考える遺族にとって、A教諭の証言こそが真実を知る最後の手がかりとなっている。その切実な思いに、A教諭はどうこたえるのだろうか。

遺族の悲しみ、A教諭の苦しみが、少しでも癒やされる日が来ることを願いたい。

第六章

全国の教育現場に広がる釜石の知恵

群馬大学・片田敏孝教授の研究室では、二〇一四年二月、小中学校における防災教育の実施状況を知るため、アンケート調査を行った。全国の道府県庁所在地と東京二三区、そして南海トラフの巨大地震津波による被害が想定される六県（静岡県、愛知県、三重県、和歌山県、徳島県、高知県）にある太平洋沿岸市町村の小中学校など、計八〇〇〇校が対象となっている（回収率二四・六％、一九六八校）。

アンケートの結果を見ると、残念ながら、マニュアルに頼った防災対策にとどまっている学校は、少なくないようだ。例えば、避難訓練。「児童生徒が学校滞在中を想定し、学校の敷地内に避難場所を確認する」という、従来どおりの訓練を行っている学校が多かった。「登下校中や校外にいる場合を想定して、避難場所を確認する」という訓練を実施しているところは、津波被害の危険が高い六県の沿岸部の学校でも、一～三割程度だった。

また、避難訓練の方法や、防災に関する取り組みを考える担当教職員を決めているものの、校内の教職員間で情報を共有する機会を設けている学校は少なかった。

風水害など、津波以外の災害を想定した避難訓練については、実施率は依然として高まっていないという結果も出ていた。

その一方で、防災教育の必要性を感じる学校は、年々増えてきていることもわかった。

全学年を対象に防災授業を行った学校は、震災が起きる前の平成二二年度はおよそ一〇～三〇％だったが、平成二五年度には二〇～五〇％に増加した。

そして、東日本大震災の教訓として、「釜石の奇跡」を取り上げている学校が多いこともわかった。全国の四割にのぼる学校が、「釜石の奇跡」について教えたと回答。「津波てんでんこ」については約三割、「避難三原則」については半数近い学校で教えたと回答している。「釜石の奇跡」は、全国の教育現場で静かに広がっているようだ。

この章では、「釜石の奇跡」に触発され、独自の防災教育に取り組み、驚くような効果をあげている学校を紹介する。いずれの学校も、付近住民を巻き込んだ対策となっていることから、学校を中心とした地域防災を考える点でも参考にしていただければと思う。

小木中学校の取り組み

防災教育を通して、心を育み、学ぶ姿勢を確立することを目指す中学校がある。石川県にある能登町立小木中学校。生徒、教職員合わせて七〇人ほどの小さな中学校だ。教職員は誰一人、防災教育に関する専門的な知識は持っていなかったが、「できることから始める」

をモットーに取り組んできた。

小木中学校は、能登半島の先端、富山湾に面した場所に位置している。小木地区は国内有数のイカの水揚げ量を誇り、住民は海の恩恵を受け生活してきた。人口は約二五〇〇人。そのうち三八％が六五歳以上という過疎化が進む地域でもある。

地区唯一の中学校である小木中学校は、海抜四〇メートルほどの高台にあるが、学区内の大部分は海抜一〇メートル以下に集中している。もし能登半島東方沖でマグニチュード七・五八の地震が起きれば、九分後には最大で一二・二メートルの津波が押し寄せてくると予測されている。しかし、小木中学校では、これまで一度も津波を想定した訓練は行われていなかった。地域住民も、「津波はここまで来ない」と、危機感は薄かったと言う。

二〇一一年四月、この小木中学校に新しい校長が赴任した。小川正さん（五六）。初めて小木中学校に来た時、小川校長はこんなふうに感じたそうだ。

「小木は海に面したとても美しい町です。しかし、近くにリアス式海岸があり、津波で大きな被害を受けた三陸沿岸部とよく似た地形をしています。これは、防災への取り組みは避けて通れない、すぐに始めなくては」

小木中学校の小川正校長（当時）

しかし、防災教育について詳しい教職員は一人もいない。何から手をつければいいのだろうかと考えあぐねていた時、小川校長が参考にしたのが、テレビや新聞で取り上げられていた釜石の防災教育だった。片田教授の講演を聞きに行き、「マニュアルに頼るのではなく、いざという時に主体的に判断して行動できる子どもを育てる」という考え方に深く感銘を受けたと言う。

「釜石では何か特別なことをしたわけではなく、一つひとつ丁寧に積み上げられてきたことが、必然的にあの結果につながったんだとわかりました。釜石でやってこられたことの中で、少しでもウチの学校でできることはないか、ともかくできることからやっていくことにしたんです」と小川校長は話す。

「知る」ことから始める

「できることから始めよう」でスタートすることになった小木中学校の防災教育。小川校長の方針を受け、防災担当となった廣澤孝俊《ひろざわこうしゅん》教諭と三年生がその先頭に立った。津波被害に対する知識がなければ、どんな活動をするべきかもわからないと、まずは津波被害について「知る」ことから取り組むことにした。東日本大震災の直後、被災地で支援にあたった能登消防署の署員を招き、津波の脅威がどれほどのものかを学んだ。

次に、生徒たちは町の安全マップを作成することにした。住宅図を貼り合わせ、一〇メートル、二〇メートル、三〇メートルの等高線ごとに色分けした。この地図のポイントは、「ここまで津波が来る可能性がある」という危険を示した「ハザードマップ」ではなく、「どこまで逃げれば助かるのか」と、避難の目安になることを目的につくられていることだ。

生徒たちがつくった安全マップは、小木地区にある三〇店を超える商店にも掲示されている他、全家庭にも配布されている。

こうした活動を続ける中、生徒たちの中に一つの疑問がわいてきたそうだ。それは、「町の人たちは津波についてどう考えているんだろう?」ということだった。海のすぐそばで生活しているにもかかわらず、津波に対する危機意識が薄いと感じたのだ。

そこで、住民を対象に、「津波に対する意識調査」を実施することになった。三年生が中心となって、「津波警報が出た時、困ると思うこと、心配なことはありませんか?」と、一五〇軒ほどの家庭を回って尋ねた。お年寄りが多い小木地区では、「ちゃんと避難できるか心配」と言う声が多かったが、「なりゆきにまかせる」「今のところ心配はない」と答える人もかなりの数にのぼったそうだ。

アンケート結果を集計し、「こんな考えで大丈夫なんだろうか」という思いが生徒たちの中で強まっていった。最初は、「防災なんて他人事」と感じていた生徒たちだが、しだいに「このままではいけない」という思いが芽生えていった。

生徒が動けば地域も動く

「知る」ことから始まった小木中学校の取り組みは、次に「行動する」ことへと移っていった。避難訓練の実施だ。

学校は高台にあるため、津波が押し寄せても学校にいれば安全だ。被害を受ける可能性があるのは家にいる時間帯だ。

そこで、登校前に地震が発生、その後、津波警報が発令されるという状況を想定し、家庭から学校への避難訓練を行うことになった。それぞれの家から学校まで何分ぐらいかかるのか、時間を計ることにした。

小木地区には細くて急な坂道が多い。災害の時は中学生だけでなく、小さな子どもや、足腰の弱いお年寄り、障害のある人も避難する。たくさんの人で道が混雑してしまうと、走って逃げることはできない。そこで、通常のペースで歩いた場合にどれぐらい時間がかかるのか調べることにした。

私たちは二〇一二年七月二〇日に行われた避難訓練の様子を取材させてもらった。訓練は、「能登半島東方沖で地震が発生。七時五八分に津波警報が発令。午前八時〇〇分に避難開始」という想定で行われた。小木中学校の呼びかけで、保育園、小学校、高校、保護者や町の人たちも参加。総勢二〇〇人の訓練となった。

生徒の一人の家にお邪魔した。午前八時、お母さんの「津波警報が出たよ。避難開始!」

小木中の避難訓練の様子

という声を合図に、中学生の長男、小学生の長女、そしてお母さんの三人で中学校へ向かった。
このご家庭は、家の前から学校まで、急な上り坂が続いている。普段、車を使うことが多いためか、歩き出してしばらくすると、「こんなに苦しいとは思いませんでした」と、お母さんの息があがってしまった。実際に歩いてみなければわからない発見だ。
この日は、車いすを使った「登坂実験」も行われた。小木地区では地区外で働いている大人が多いため、日中、町にいるのは子どもとお年寄りばかりだ。中学生は、避難を助ける貴重な「戦力」と期待されている。そこで、三年生が四～五人のグループに分かれ、車いすを押して学校へと向かう模擬訓練を行った。

子どもたちは、「車いすを押すことぐらい楽勝！」と考えていた。しかし、いざやってみると、悪戦苦闘の連続だった。上り坂が思った以上にきつく、なかなかスピードが出ないのだ。

学校の校門の前では、ストップウォッチを持っている先生たちが、「八時一〇分、一一分、一二分！」と、時間を読み上げていた。車いすグループが到着したのは八時一九分。目標は八時九分の到着だったため、かなりの遅れとなってしまった。

「坂がめっちゃきつかった！」

「実際の津波だったら死んじゃうよねぇ……」

「車いすに乗ってたら、スピードが上がるとすごく怖く感じた。でこぼこのところはゆっくり行ってほしいし、声をかけてほしい」

など、生徒たちは互いに感想を言い合っていた。

訓練の後、クラスで反省会が実施された。町の中には意外に段差が多いことや、階段があるため遠回りをしなくてはならなかったことなど、気づいた点を書き出し、「安全マップ」の上に貼っていった。次回の避難訓練の時に、今回わかったことをいかして、より迅速かつ安全に行動できるようにしようと確認していた。

小木中学校の避難訓練は年に複数回行われているが、地域に呼びかけて行われる秋の訓練は、回を重ねるごとに規模が大きくなっている。二〇一二年の秋以降は、地域の商店連盟をはじめ、看護師ボランティアグループ、海上保安庁、自衛隊なども協力。小木中学校、小木地区自主防災組織共催で、学校と地域が一体となった「小木地区避難訓練」が大々的に実施されるようになった。参加者は今では八〇〇人にのぼるそうだ。

「逃げる時は、生徒も地域の方々も一緒。学校と地域が一体とならない防災は、意味がありません。生徒が動けば地域も動く。そのことが証明されました」と小川校長は言う。

変わり始めた子どもたち

「知る」「行動する」と続いた小木中学校の防災教育。こうした活動から学んだことを、生徒たちは「発信する」ことにした。

避難訓練を通して、足腰の弱い人や車いすでは上がれないような道もあることなど、生徒たちは町の思わぬところに危険があると痛感していた。そのことを伝えるため、避難経路の様子と危険箇所を、写真とコメントで示した「避難経路案内図」を作成し、地域の人に配布した。

さらに、高齢者や小さな子どもたちにも伝わるようにと、避難経路のＤＶＤも作成することにした。注意しなければならない場所や危険箇所をどのように説明するか、自分たちで考えて台本を執筆。撮影、リポートも自分たちで行った。編集は時間がかかるため、この部分は保護者の協力を仰いだそうだ。

生徒たちは小学校にも出向き、小さな子どもたちに津波について説明した。また、二〇一三年の文化祭では、津波に対する心得を説いた「防災劇」をミュージカル風に仕立て、地域の人々の前で上演した。

「できることから始めよう」ということでスタートした小木中学校の防災教育。ある日、三年生の一人が、廣澤教諭にこんなことを話したそうだ。

「先生、ぼくら小木が好きやから、この町から一人も犠牲者を出したくない」

廣澤教諭からこのことを聞いた時、小川校長は防災教育が心を育む教育にもなっていくことを確信したそうだ。

「いつ大きな自然災害か起きるかわからない。それに対して、自分のいのち、地域の人のいのちを守りたい。だから、自分たちにできることを、できることからやっていく。これこそ教育だなと思いました」

そして、防災教育を通して、生徒たちの意識が変わり始めたことにも気づいたそうだ。

「小木地区の子どもたちは、保育園、小学校、中学校とずっと同じメンバーで育っていきます。ですから、どちらかというと内弁慶、引っ込み思案っていう子どもたちが多かったんです。それが防災に取り組むことで、地域の人たちから評価してもらえたり、マスコミの取材が来るようになったりして、ちょっとずつ自信につながっていったようです。

三年生の二六名が県のある発表会で、五〇〇名以上の先生方を相手に自分たちの防災への取り組みについて、発表の舞台を持たしてもらったんですが、以前でしたらとてもそんな大舞台に立つなんて考えられませんでした。そこへ出て堂々と発表できたというのは、本人たちにも、後輩たちにも、そしてこの小木中学校の長い歴史の中でも、ほんとにインパクトになりました。

今では生徒たちのほうから、『先生、次こんなんしたらいいと思うんですが?』って、アイデアを出してくるようになりました」

小木中学校を取材した時、一年生の男子生徒がカメラの前でこう話してくれた。

「ぼくは人前に立つというのが苦手でした。でも日中、小木には人があんまりおらんくて、数えてみるとお年寄りばっかりで、一番立つ見込み（人々を統率するという意味）があるのは、中学生ぐらいなんで。やっぱり立つ時は立たないと、救えるいのちも救えないかなと思います。防災教育やってみてそんなふうに思いました」

防災教育に取り組むことに対しては、当初、先生たちの間から「授業がおろそかになって、学力向上への取り組みに支障が出るのではないか」と、戸惑いの声があがったという。そこで、防災教育はおもに総合的な学習の時間や、道徳の時間など利用して取り組むとともに、教科の学習の中でもいかす方法はないかを検討した。

技術家庭・音楽担当の三盃邦子《さんばいくにこ》教諭は、技術家庭の時間には津波の表示板づくりを取り入れたり、音楽の授業では「津波から逃げる」をテーマにした振り付けありの歌を生徒とともに作詞・作曲したりするなど、工夫しながら進めていった。

小川校長は次のように話す。

「学校ですから、学力はどうでもいいということはありません。本校でも生徒たちの将来のために学力向上に全力あげなきゃいけません。でも、生きていればこそのもの。死んでしまっては学力も何もない。だから何より大事なのは、今を大切に生きることだと。その上で、生徒たちが自分たちにとって今を大切に生きるということは、真剣に学ぶことだという気持ちになってくれれば、自ずと授業に集中していきます。防災の技術だけを教えるのではなく、将来を『生き抜く力』の基礎を育むことにつなげたいということで、先生方と進めていきました」

震災直後から始めた小木中学校の防災教育は、二年目が終わった時、驚くような成果が現れ始めた。

実は小木中学校は、五、六年ほど前までは、漁師町特有の荒っぽさから来る「問題行動の絶えない学校」の一つにあげられていた。素行や授業態度に問題がある生徒が、毎年のように見られたそうだ。しかし、防災教育を始めて以降、生徒たちはしだいに授業に真剣に臨むようになった。夏休みに始めた補習にも黙々と取り組むようになり、誰一人おしゃべりをする生徒はいないそうだ。

そして、国が実施する学力調査の結果も向上。「成績の伸び率は、いまや県内でもトップクラスに至っていると思われる」と、小川校長は言う。

防災教育の結果、「子どもたちが変わった」という事例は小木中学校だけではない。この章の冒頭で紹介した片田教授の研究室が行ったアンケートでは、「防災教育の実施効果」についても尋ねている。

「児童生徒が災害について自主的に考えるようになった」については、およそ七割の学校が「とてもあてはまる」「あてはまる」「どちらかというとあてはまる」と回答。

「地域への愛着を高めた」と回答した学校も、およそ三割。

「他者を思いやったり、命を大切にするようになった」については、およそ半数。

「防災に限らず、様々なことに対して主体的に取り組むようになった」については、およそ二割が該当すると回答している。

さらに、「児童生徒の学力が向上した」「いじめなど、学級の問題が解決したり軽減した」という問いについても、効果があったと回答している学校も少なくない。

「防災教育を通して、主体的に物事に取り組む姿勢が身についてきたのだと思います。周りの人に認められ、自信が生まれ、さらに次に何をすればいいのかと考えるようになりま

◎ 児童生徒が、他者を思いやったり、命を大切にするようになった

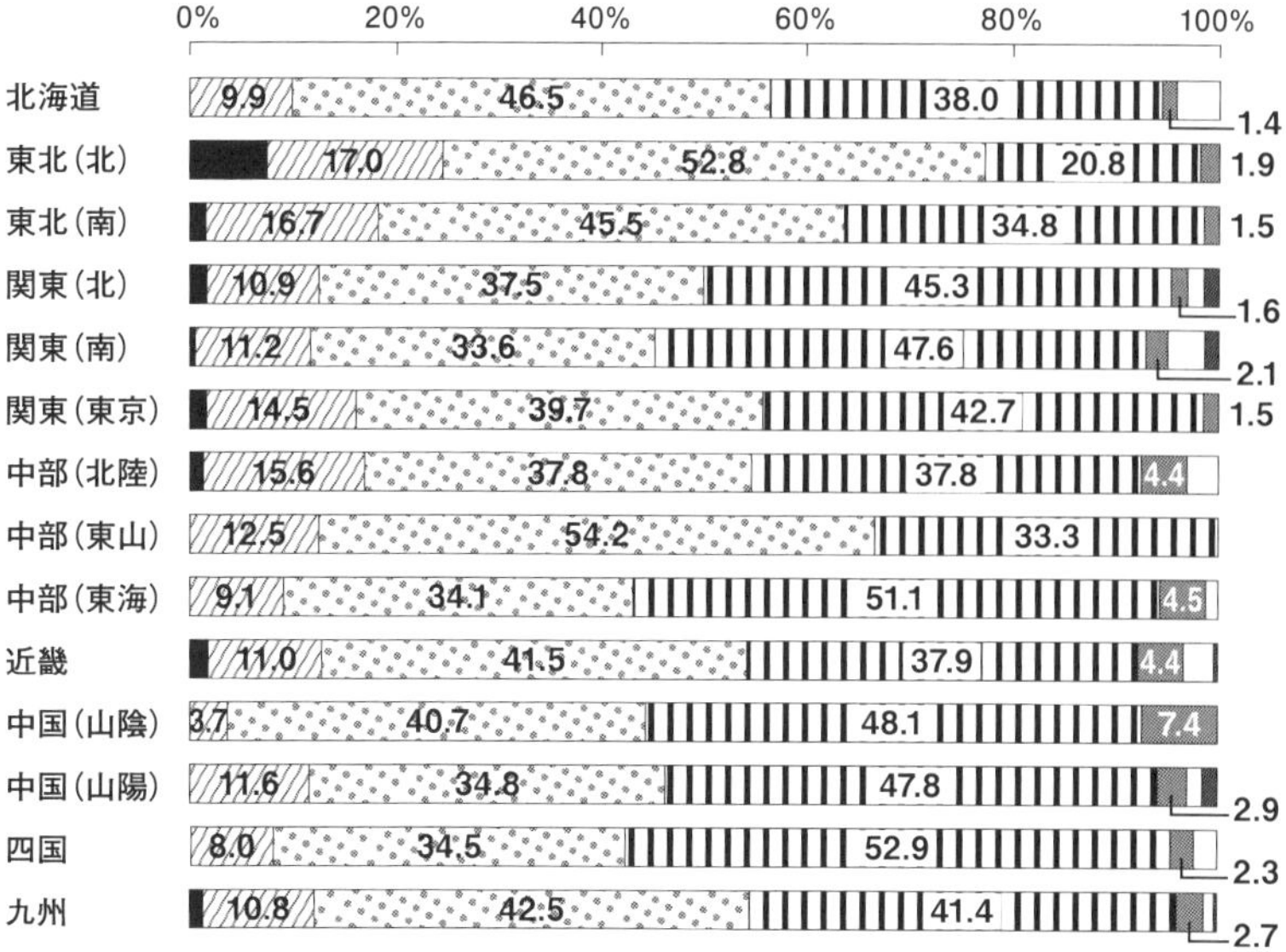

◎ 児童生徒が、防災に限らず、様々なことに対して主体的に取り組むようになった

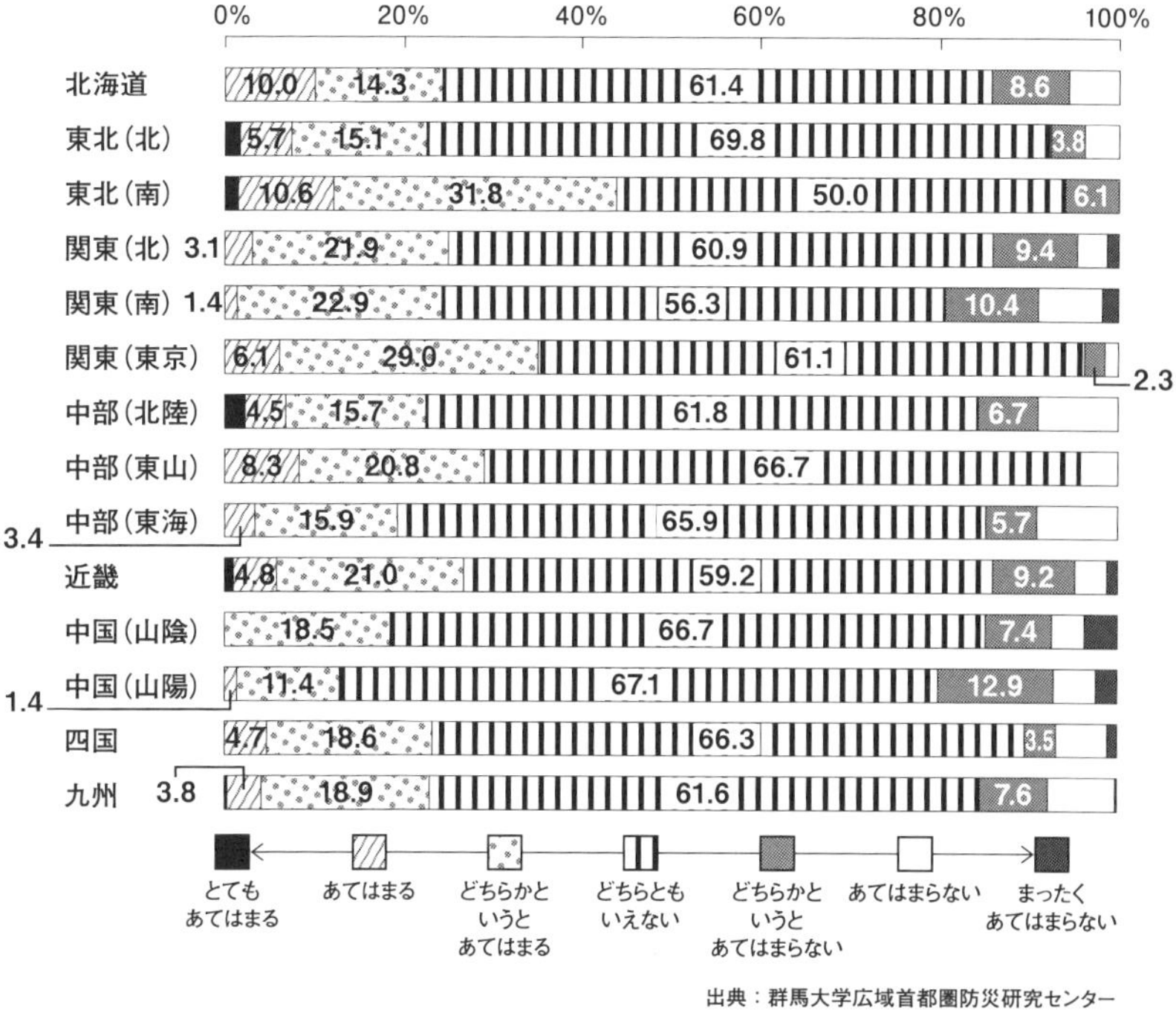

出典：群馬大学広域首都圏防災研究センター

した。自ら課題を見つけ、解決していこうとする姿勢が少しずつ育っているのではないでしょうか。こうした繰り返しが学業にも波及していったのではないかと思っています。本当に自慢の子どもたちです」

と、小川校長は話す。

二〇一四年四月、小川校長は能登半島の別の中学校に異動となった。今度の学校は、三つの中学校が統合され、生徒数四七七人という、小木中学校よりも格段に規模の大きな学校だ。学区も広範囲にわたり、地域の事情もそれぞれ異なる。小木中学校と同じような防災教育はできないが、それでも小川校長は早速、生徒五名、教職員三名に「防災士」の試験を受けさせ、資格をとらせた。新しい中学校でも、「いのちを守る教育」を、できることから少しずつ浸透させていきたいと考えている。

そして、小木中学校。防災教育を中心に置いた学校づくりは、今も変わらず続いている。新しく赴任した大句わか子校長のもと、防災担当の廣澤教諭はじめ全職員が、小木小学校との連携も強めながら進めている。小木中学校教職員、保護者の防災士は、一〇名を数えるそうだ。

生徒たちは、自分たちが学んだことをより多くの人たちに伝える活動に取り組んでいる。保育園児のために、防災教育で学んだことを読み札の言葉に込めた「ぼうさいカルタ」をつくった。また、高齢者のためには、防災に関する歌と健康増進のための動きを振り付けた「防災体操」も考えた。気楽に楽しみながら、津波防災の大切なことを意識してもらおうという狙いを持った活動である。さらに、中学校の働きかけで二〇一三年には、一三町内会からなる自主防災組織も立ち上がった。

防災教育を通して、生徒たちが、そして過疎の町が大きく変わり始めた模範事例といえるだろう。

小学校の防災対策が地域に呼んだ波紋

伊勢湾に面する三重県明和町は、人口二万三〇〇〇人。天皇の代わりに伊勢神宮の天照大神に仕える斎王が住まう地だったこともあり、町内からは数多くの遺跡や古墳が発見されるなど、王朝ロマンあふれる町だ。

だが、南海トラフ巨大地震が起きた場合には、理論上、最大六・九二メートルの津波が押し寄せ、町は平野部に位置していることから三割以上が浸水域に入り、九〇〇〇人の死者が出ると想定されている。東日本大震災の時にも、沿岸部には高さ一メートルの津波が押し寄せたが、町の人たちの津波への意識は低く、避難した人はほとんどいなかった。

こうした状況に危機感を持った明和町役場は、東日本大震災の翌年、危機管理室や広報広聴課などを統合して「防災企画課」を新設。防災を専門に担当する係長を置くなど、防災体制の強化をはかっている。

また、津波被害を最小限に抑えるためには、町民一人ひとりが防災の知識と心構えを身につけておくことが大切だと考え、二〇一三年一〇月に独自の避難マップを作成した。避難マップは、三重県が二〇一一年度に発表した津波浸水予測図を参考に、町の防災アドバイザーで三重大学の専門家が監修。津波に特化した避難マップの作成は、三重県内で初めてだという先進的な取り組みだ。現在、この避難マップをもとに地域ごとに防災懇談会を開き、津波避難のあり方を研究している。

だが、この避難マップに疑問を抱いた人がいた。明和町立大淀小学校の兒島敏昭《こじまとしあき》校長(五六)だ。大淀小学校は港から六〇メートルほどしか離れていない。片田教授の講演会を聴いていた兒島校長は、防災に力を入れる必要性を強く感じていた。町が作成したマップを参考にしながら、学校の避難対策を見直すつもりだった。

避難マップでは、海岸線から約三キロ以内を「緊急避難ライン」として黄色のラインで示し、巨大地震発生時には、深刻な津波被害が想定されるため、速やかな避難を心がけるようにと書かれている。そして「避難目標ライン」が紫色で明示され、そのラインに到達するための避難方向が薄いピンク色の矢印で示されている。矢印一つは直線距離で四〇〇メートル、徒歩五分ほどを要することを意味しており、矢印三つならば一二〇〇メートル、おおよそ一五分かかるということになる。

ぱっと見ただけで、どの方向に避難すればいいのかがわかる地図なのだが、矢印は「大人の健常者が歩いた場合を想定している」とされており、子どもやお年寄り、体の不自由な人など、いわゆる災害弱者の場合はこの通りにはいかない。地図上にも、「体力差などがあるので、あくまでも目安としてとらえてほしい」といったただし書きがある。さらに、矢印は直線距離で計算されているため、田んぼを突っ切るなど、道なき道を進まなくてはならない場所もある。

町としては、このマップを参考に、実際に歩いてみて、自分たちで現実的な避難場所やルートを確認してほしいというメッセージを込めたようだ。

大淀小学校の場合、町が避難の目安としている地点までは矢印七つ。およそ三キロ離れている。地震から三七分ほどで、五〇センチの津波が沿岸部に到達するとされていることや、地震によって液状化現象が起きる可能性もあることから、兒島校長は、子どもたちではとても逃げ切れないのではないかと、危機感を持った。

「高学年ならまだしも、一年生や二年生の小さな子に三キロの距離を走れと言うのは、とても無理です。町の対策に従っているだけでは、子どものいのちは守れないと感じました」と話す。

兒嶋校長は、教職員と検討した結果、町が示した避難場所を目指すのではなく、「三階建ての校舎の屋上」に逃げることを決めた。

この選択をするにあたって、助言したのが、愛知県立大学看護学部の清水宣明教授（五四）だった。清水教授は、エイズや院内感染などの感染制御学と地域の健康危機管理学の専門家。二〇一三年の春まで群馬大学に在籍しており、「釜石の奇跡」に感銘を受けた一人だ。震災後、被災地の状況を詳しく分析していた清水教授は、子どもやお年寄り、妊婦、障害がある人など、災害弱者に主眼を置いた避難対策が必要だと訴えていた。インフルエンザ予防の指導などを通じて、以前から清水教授と兒嶋校長は交流があったことから、二人三脚で地震津波対策に取り組むことにした。

清水教授は、小学校がある大淀地区から、町が避難の目安とした場所までをくまなく歩き、地形や道路状況などをデータ化した。その結果、小さな子どもやお年寄りの足では、最悪の場合、避難に二時間近くかかる上、学校周囲の道路は道幅が狭い箇所が多く、住宅や外壁の倒壊、瓦の落下などで道路が寸断され、避難の妨げとなる可能性が高いことがわかった。たとえ車を使っても、激しい交通渋滞などが発生して、津波が到達するまでの間に逃げ切れない恐れもある。そのため、子どもたちにとって最適な避難場所は、一三・五メートルほどの高さがある、大淀小学校の屋上だと兒島校長に伝えた。津波の後、孤立する可能性はあるが、その対応は可能なため、いのちを守ることはできるという判断だった。

清水教授は、作成したデータを使って、大淀地区の住民を対象とした勉強会なども開催した。データはどれも説得力のある内容だった。海から一〇〇メートルほど離れたところに山がある釜石とは違って、平野部に位置する明和町の場合、海抜の高い場所に避難するためには、かなりの距離を逃げなくてはならない。「地震の後、地上にいることが一番よくない。釜石と明和町では避難の仕方は違うのだ」と、清水教授は住民たちに呼びかけている。

「避難するのは、健康な大人だけではありません。災害弱者の視点に立った防災対策が必要です。子どもやお年寄りがすぐに逃げ込める場所を、集落単位で確保しなくてはならない。『とにかく逃げろ』という避難対策では、弱者を守ることはできないと考えています」と、清水教授は断言する。

だが、清水教授の主張や大淀小学校の対策は、あちらこちらで波紋を呼ぶこととなった。住民からは、「町の言うことと、清水先生の言うこと、どちらが正しいんだ」と疑問の声があがったのだ。

「町としては、避難マップをもとに、避難所までのルートを検討して、実際に歩いてもらったり、災害時にどこの避難所で落ち合うか決めたりする参考にしてほしいと思っています。もちろんマップをつくっただけではなく、防災懇談会などを通じて、きめ細かい対応も、これから徐々に進めていく予定です。弱者を切り捨てるつもりなどありません。それに学校は地震や液状化で倒壊する危険もあります。できるだけ安全な場所に逃げることも検討して欲しいのですが……」

と、町の担当者は戸惑い気味に話していた。

大淀小学校の津波対策

町が示した避難場所を目指すのではなく、「学校の屋上に上がる」という、独自の津波避難の方針を決めた大淀小学校。今も行政との間で議論は続いているが、このことが結果的に住民の防災意識を高めることにつながった。

清水教授の助言を受け、兒島校長と大淀小学校の教職員は、学校を「一時避難場所」とした避難対策に力を入れることにした。子どもたちの通学路を点検し、家屋が倒壊するなどして学校まで辿りつけない場合には、頑丈で比較的高い建物に逃げ込めるよう、地域に協力を求めた。周辺の二階以上で屋上がある建物を訪ね、農協や漁協など一〇の施設・家庭に、避難先となってもらうことにした。

二〇一四年には、小学校の三階の空き教室を備蓄倉庫として利用し、津波の後は孤立してしまうことを考えて、児童・教職員合わせて一八〇人分の飲料水四リットルずつと、非常食、雨風をしのぐビニールシートや保温シート、カイロ、トイレットペーパーや団扇などを備蓄するとともに、近くの「なりひら保育所」の園児およそ九〇人分の食料や下着、さらには町民の非常食や飲料水、町内会の防災用品も備蓄するなど、教室を地域にも開放することにした。

また、大淀小学校と、なりひら保育所のＰＴＡ役員が中心となって、「津波から大淀を守る会・みちしるべ」が立ち上がり、住民主体でいのちを守る方法を考えるための勉強会も開かれるようになった。一方で行政には、子どもたちが安心して避難できるための手すりの増設や、非常階段から建物の二、三階に避難できるよう、非常階段を改良することを要望している。

兒島校長は、「大淀地区の最大の強みが人と人のつながり。それをいかして防災力を高めたい」としている。

子どもたちへの防災教育のあり方も見直した。片田教授の講演や著書を参考に、これまで年に二〜三回程度だった避難訓練を、毎月一回に増やした。内容も、廊下に障害物を置いて、「想定外」の事態が起きても慌てずに避難できるかどうかを試してみたり、校長・教頭が負傷または不在の場合を想定して、教職員だけで対応してみたりと、毎回、状況設定を変えた訓練を計画し実施している。

ある時は、抜き打ちで休み時間の訓練も行った。職員が子どもたちの動きを観察すると、授業中よりも集合に時間がかかってしまうことがわかった。また、避難の際にはヘルメットやライフジャケットを持ち出すように指導していたが、意識できていないことも明らかになった。訓練の後には、成果と課題を洗い出し対策を講じるとともに、保護者や地域に子どもたちの現状を発信している。

このほか、ユニークな対策として注目されているのが、屋上の「命綱」だ。南海トラフ地震が発生した際に、明和町で想定される津波の高さは最大六・九二メートル。大淀小学校の屋上の海抜はおよそ一三・五メートルだが、万が一、屋上まで水が押し寄せた場合に備え、子どもたちが流されないようにと、フェンスの三〇カ所に体を結びつけるロープを設置した。東日本大震災の時、身体を縛りつけて、津波の難から逃れたというエピソードを聞いて、兒島校長が思いついたそうだ。避難後の余震の際にも、つかまることができ、安心感につながるという。

「学校の取り組みは始まったばかり。子どもたちにどこまで身についているか、まだわかりませんが、災害から助かるためには何が必要か、自分で考えて行動できる子どもに育てたいと思っています。地域の人たちの防災意識も少しずつ高まってきています。自助力・共助力を高め、この地域に合った対策を模索していきたいと思っています」と兒島校長は話している。

第七章

企業の危機管理にいかす

東日本大震災から一年三カ月がたった二〇一二年六月下旬。午前八時、都内のオフィス街に建つビルの一室に、スーツ姿の男性ばかり二〇人ほどが集まった。群馬大学の片田敏孝教授の講演を聴くためだ。

講演のタイトルは「想定外を生き抜く力～大津波から生き抜いた釜石の子どもたち　その防災教育に学ぶ～」。あの日、釜石の子どもたちはどう行動したか、震災前にどのような防災教育を受けてきたのかという内容だ。聴講者は企業の経営者や、ビジネスマン、団体幹部、弁護士など、学校防災とは縁遠そうな職業の人たちばかり。しかし、釜石の防災教育について大きな関心を寄せているという。

講義の中で片田教授は、ハザードマップを示しながら、こう語った。

「ハザードマップなんて単なる一つの想定です。津波って一〇〇回あったら、一〇〇通りじゃないですか。それに対して、マニュアルで備える。こうあるべきだっていうものを整える。確かにそれによって防げる部分もあるでしょう。でも、それだけで万全であるはずはありません。

私は、釜石の子どもたちにこう教えてきました。想定にとらわれず最善を尽くすことが大切だと。自らのいのちを守ることに対して主体的であることが大切だと。

非常にシンプルな話です。難しいことは言いませんでした。あの日、子どもたちはその通りに振る舞ってくれました」

集まった人たちはみな熱心に耳を傾け、メモをとっていた。

震災後、片田教授のもとには講演の依頼が殺到しているが、特に最近目立って増えているのが、企業からの依頼だそうだ。金融関係、大手製造業、食品メーカー、鉄道会社、病院――。業種は多種多様だ。

片田教授は、ある銀行関係者から、「リーマンショックは金融界にとっての三・一一でした。想定外の危機は、自然災害だけではないのです」と言われたそうだ。

確かに、危機は様々な形でやってくる。リーマンショックやユーロ危機のような経済危機かもしれないし、運輸事故や感染症かもしれない。想定を遥かに上回る危機に直面した時、どうすれば指示を待つことなく、自律的に動くことができるのか。釜石の子どもたちが受けてきた防災教育からそのヒントをつかみ、危機管理に応用しようという動きが、今、各方面で広がっている。

JR東日本の苦い経験

「釜石の奇跡」にいち早く注目したのが、JR東日本の労働組合だ。二〇一二年六月に片田教授を講師に招いて勉強会を開催。釜石の子どもたちが見せた「危機への対応力」を参考に、安全マニュアルを見直したり、人材育成に生かしたりするなど、組織体制を強化する取り組みを進めている。

JR東日本は、東日本大震災によって、新幹線設備をはじめ、大きな被害を受けた。中でも、太平洋側の沿岸部を走る八戸線、山田線、大船渡線、気仙沼線、石巻線、仙石線、常磐線の七線区は壊滅的な状況だった。常磐線の坂元駅、新地駅、仙石線の野蒜駅のように、駅舎そのものが流失してしまったところもあった。

しかし、こうした物的被害にもかかわらず、営業中の列車において、乗客・乗員の犠牲者は奇跡的にゼロだった。

この成功体験を今後の安全対策に生かそうと、JR東労組は、組合員一万一二一七人を対象にアンケートを実施。何がいのちを救ったのか、検証をすることにした。

このアンケートの結果、思いもよらぬ事実が浮かび上がってきた。犠牲者がゼロだったのは、「日頃の訓練の賜物」でも「指令からの適切な指示」があったからでもなく、いくつもの「偶然」が重なったことによるものだったのだ。一歩間違えれば、甚大な人的被害が出ていてもおかしくない状況だった。

例えば、岩手県大船渡市を走る大船渡線。海が目の前に見える大船渡駅を発車した一分後、地震が発生した。緊急停止した列車は、輸送指令から、「乗客を近くの大船渡小学校へ避難させるように」という指示を受けた。

だが、乗客から、「大船渡小学校よりも大船渡中学校のほうが高台にあるから安全だ」というアドバイスを受け、運転士は迷った。会社の指示に従わず、自分の判断で行動してもしものことがあった場合には、処分を受けるかもしれないからだ。一緒に乗車していた見習い運転士からも、「指示に従わなくていいんですか？」と問われたそうだ。

しかし、この時の運転士は、たまたま一三年間、大船渡線に乗務しているベテランだった。線区の特徴が頭の中に入っており、乗客の意見は妥当だと判断。二十数名の乗客とともに中学校へ向かうことにした。

その後、津波は小学校の一階まで押し寄せたが、乗客は全員、中学校に向かったため無事だった。

宮城県東松島市を走っていた仙石線でも、同じような事例があった。輸送指令はマニュアルに従って近くの小学校への避難を指示したが、地元に詳しい乗客の、「列車の停まっている場所のほうが海抜が高い」との助言を受け入れて列車に留まり、難を逃れることができた。

いずれの事例も、乗務していたのが地元採用の運転士だったことや、地元の地理に詳しい乗客が乗車しているという「幸運」に恵まれたため、最悪の事態を免れていたのだ。

さらにJR東労組が愕然としたのが、「乗務中の避難場所」についての設問に対する回答結果だった。「避難場所を十分把握している」という回答はわずか〇・九%、「把握している」が三・九%、「まあまあ把握している」が一一・六%。トータルで見ても一六・四%だった。一方、「あまり把握していない」「把握していない」は、八〇・三%という結果になった。

つまり、ひとたび災害が発生しても、ほとんどの社員がどこに避難すればいいいか、自ら判断できないことが明らかになったのだ。

一方、震災の後、避難を指示する側も、対応不能な状況に陥っていたことがわかった。仙台にある輸送司令室では、異常時には、まず列車を確認して、乗客の人数やけが人を把握し、それがわかった時点で救済方法などを決めることになっていた。

しかし東日本大震災では、そもそも列車の位置を確認することができなくなった。電源が切れて無線が届かず、携帯電話もつながらず、さらにJR独自の電話網(JR電話という)も一部の駅で不通となり、通信手段が確保できなくなってしまったのだ。「あの日、指令は無力だった。現場の力に頼るしかなかった」と、輸送指令長は答えている。

JR東日本の管内では、今後、「首都圏直下地震」という巨大災害の発生が懸念されている。首都圏における、JRの一日の利用者はのべ一七一〇万人。膨大な数の乗客のいのちをどうすれば守ることができるのか。東北の各線区で起きた「奇跡」を「奇跡」のまま終わらせないようにするためには何が必要なのか……。

こうした危機意識の中でJR東労組が注目したのが、釜石の防災教育だった。片田教授の勉強会に出席したJR東労組の政策・調査部長中山透氏はこう話す。

「マニュアルをいくら見直しても、いざという時には役に立たないのだということを、自分たちの経験から痛感しました。では、一体何をすればいいのか。議論を繰り返す中でヒントとなったのが、片田さんの『危機に備える姿勢を育み、逃げる文化を受け継いでいく』という言葉でした。会社にまかせるのではなく、お客さまのいのち、仲間のいのち、そして自分のいのちを守るために、できることから始めようという結論に達したのです」

釜石にヒントを得た「現地踏査」

震災から一年後。釜石の防災教育を手がかりに新たな「安全文化」を生み出すため、JR東労組の組合員らは「現地踏査」に取り組むことにした。

運転士も車掌も、乗務線区の駅舎や信号機など、鉄軌道から見える施設は熟知している。しかしその一方で、駅周辺や駅間の地理については、ほとんどの社員が全く知らなかった。そこで、自分たちの線区を、電車を降りて道路から見てみようということになった。

東京地方本部の現地踏査は、JR横須賀線で行われた。JR横須賀線は、年間一八〇〇万人以上が訪れる鎌倉へ観光客を運んでいる。乗客の中には、地理に不慣れな人が少なくない。こうした乗客を、どうすれば安全かつ迅速に避難・誘導することができるのか。現地踏査には、鎌倉駅、逗子駅などを中心に、一四回にわたって五八〇人の組合員が参加した。

鎌倉には、一四九八（明応七）年に発生した「明応地震」の時に、大仏殿まで津波が到達したという史料が残っている。同規模の地震が起きた場合、鎌倉市には、最大一四・五メートルの津波が押し寄せると予測されている。災害時に役に立つようにと、鎌倉駅の改札前には、駅周辺の三カ所の避難場所と経路が示された、「大津波発生時の避難地図」が掲出されている。この掲示は「鎌倉駅独自の取り組み」として、JR東日本の社内報でも紹介されるなど、先駆的な事例だったそうだ。

しかし、現地踏査を実施した結果、この避難地図には「盲点」があることがわかった。案内に従って、駅から最も近い避難場所の「御成中学校」へ向かったところ、海へ向かって進まなくてはならなかったのだ。しかも道が入り組んで狭く、御成中学校までの経路がわかりづらい上、途中には海抜が駅より低い場所もあった。

さらに、「鎌倉駅独自の取り組み」とされた掲示だが、実は隣接する江ノ電にはすでに避難地図が掲示されていて、JR東日本の取り組みのほうが姿勢や内容も含めて遅れているものであったという。

現地踏査の結果を踏まえ、鎌倉駅では、御成中学校よりも距離は離れているが、徐々に海抜が高くなっていく「源氏山」への避難誘導を検討することにした。

逗子駅でも、同様の発見があった。逗子駅には、市が作成した浸水予測マップが貼り出されている。その地図によると、逗子駅の指定避難場所は、「聖和学院第二グラウンド」となっている。

しかし、JRの社員が所持する「乗務員マニュアル」では、逗子駅の避難場所は「久木小学校」と「聖和学院」と指定されているそうだ。つまり、駅に掲示されているマップとマニュアルでは避難場所が違っているのだ。

現地踏査では、実際にそれらの避難場所に行って比較してみた。駅に掲示されている「聖和学院第二グラウンド」は、高台のため海抜も高く安全な場所だった。一方、乗務員マニュアルにある二つの避難場所は「津波避難ビル」に指定されてはいるものの、聖和学院第二グラウンドよりも距離が離れている上、海抜が低いこともわかった。時間をかけて、わざわざ危険な場所に行く必要はないと、逗子駅では聖和学院第二グラウンドを避難誘導先の一つに加えることにした。

さらに、逗子駅のすぐ目の前には海抜二八・六メートルまで上がれる高台がある。ただ、高台の一帯は住宅街となっているため、一度に多くの乗客を誘導するのには適していない。それでも一時避難場所の選択肢の一つとして、乗客の誘導について現地踏査の際に自治会の人たちと話しあったそうだ。

会社のマニュアルや指令に頼っていただけでは、乗客や乗員のいのちを守ることはできないのではないかと気づき、現地踏査に乗り出したJR東労組。自分たちで問題点を発見し、解決策を話し合う中で、緊急時には自律的な判断が求められるのだという自覚が芽生えたそうだ。また、危機意識を共有することで、職場の結束が高まるという効果もあったという。

「人口が密集する首都圏で大災害が発生した場合、どんな想定外の事態が起きるかわかりません。そうした中で、お客さまのいのちを守れるかどうか、最後は社員一人ひとりの自律的な行動にかかってくると思っています。JR東日本の『奇跡』を『本物』にできるよう、今後も議論を重ねていくつもりです」と、中山氏は話している。

富士通社員の反応

防災教育の成果は、いざという時に発揮されるもので、日常生活ではほとんど見えない。そのため、「防災教育に取り組む」といっても、周囲からの賛同は得にくく、継続するには並々ならぬ信念と努力が必要だ。それを八年にわたって釜石で続け、最後には「奇跡」を起こした片田教授の情熱や、その思いに答えた子どもたちの姿を知ることで、組織の活力を生み出したいと考える企業もある。富士通もその一つだ。

きっかけは、二〇一一年の夏、富士通コンピュータテクノロジーズの菊池伸行社長（当時）が、片田教授の講演を聴いたことだった。

「確か出版社が企画したイベントだったと思います。釜石での出来事を聴いて、衝撃を受け、これは是非ウチの社員たちにも聴かせたいと思いました。すぐに講演会を開催して欲しいと、オープンセミナー担当者に伝えました」と菊池氏は話す。

富士通では、二〇〇二年から毎月一回、自己啓発を目的とした「ＦＵＪＩＴＳＵユニバーシティオープンセミナー〜人間を考える〜」と題したセミナーが開催されている。富士通グループの社員ならば、一〇〇〇円の受講料を払えば、誰でも参加できるというものだ。これまでの講師には、学者、音楽家、冒険家、スポーツ選手、声優など、様々な分野の第一線で活躍する錚々たるメンバーが名前を連ねている。

片田教授が講演するセミナーは、震災翌年の三月一二日に開催され、三〇〇人ほどの聴衆が集まった。講演タイトルは「想定外を生き抜く力　～釜石の子どもたちがつないだ未来への希望～」。片田教授は、釜石の子どもたちにどんな思いで防災教育をはじめ、子どもたちに何を教えてきたかを語った。企業向けの講演であるにもかかわらず、ビジネスとは全く関係のない内容だ。それでも受講者は、ひきこまれるように話に聞き入っていたそうだ。

受講後のアンケートによると、講演の「有益度」は五点満点中の四・九四点。過去最高の点数となった。セミナーを企画したFUJITSUユニバーシティビジネス人材開発プランナの坂本美奈氏は、「この記録が破られることはおそらくないでしょう」という。

アンケートの自由記述欄には、びっしりと感想が書かれていた。

「奇跡は起きるものでない、起こすものだと感じた。日々の訓練ができていれば奇跡は起こすことができる」

「想定にとらわれるな、最善を尽くせ、率先避難者たれ！　防災に対する考え方も会社での仕事に対する考え方も基本的には共通することを認識した」

「無関心な人々にあきれたり、諦めたりするのではなく、努力と工夫と知恵でコミュニケーションチャネルを開拓した先生を尊敬するとともに、私も見習いたいと思った」

「釜石の防災の話は聞いていたが、生《なま》のお話にたいへん驚いた。会社のセキュリティやプロダクト試験などについても、非常に得るところがあった」

「今、この時代を一人の人間としてどう生き抜くのかの姿勢を教えられた」

「コンピューター業界もセキュリティ管理、リスク管理、安心、安全の言葉がマニュアル化されすぎていることも、今回のお話を聞いて強く感じた」


受講者の感想を読むと、片田教授の講演から、それぞれ普遍的なメッセージを受け止めていることがわかる。

「釜石の奇跡」を知ることで、自分自身を見直すことができるのではないかと感じた菊池氏。「もっと多くの社員に聴かせたい」と、二〇一二年九月には、富士通コンピュータテクノロジーズの全社員五〇〇名を集め、再び片田教授の講演会を開いた。

社員の中に生まれた変化

「釜石の奇跡」をきっかけに、富士通コンピュータテクノロジーズの社員と被災地の子どもたちの間で、新たな交流が生まれている。そしてこうしたつながりを通して、若い社員が変わり始めているという。

震災後、企業として何か被災地に支援をしたいと考えていた菊池氏。当初は、義援金を集めるなどしていたが、もっと違う形で貢献できることはないかと思案していた。そんな時、片田教授の講演で、「子どもたちが生き残ったことで、復興への意欲がわく」と聞き、「未来を担う子どもたちに対して支援をしよう」と思いついた。そして、二〇一一年一二月から毎月一回、岩手県内各地で「震災復興支援　家族ロボット教室」を開催することになった。

第一回は盛岡市で開催された。沿岸部での開催を検討したが、場所が確保できなかったため、内陸部になったそうだ。初回は小学三年生から六年生の子ども一六人、保護者一四人の計一六組が参加した。

教室では、まず子どもたちが、教育用に作成されたキットを使って、自立型ロボットを組み立てる。その後、パソコンでつくったプログラムをロボットにダウンロード。「まっすぐ走る」「少しずつ回る」などの基本動作ができるようになったら、次は光センサーを使って、白と黒を見分けてライントレースするという、本格的な内容をプログラムする。

富士通コンピュータテクノロジーズからは、毎回、若手社員六名が参加し、トレーナーとして子どもたちの指導にあたる。教室は、「考えて工夫することで、子どもたちにものづくりの楽しさを知ってもらう」ことを目的にしているため、たとえうまくいかなくても、答えは教えないのが原則だ。どうすれば子どもたちのやる気を引き出し、問題の解決がはかれるか、若い社員たちの力量も試されることになる。

無事にプログラムが完成すれば、最後は全員で、つくったロボットのスピードと動作の正確さを競うレースをし、終了。すべての工程には三時間ほどが必要となる。

教室が始まる前は、「小学生なのだから長くても一時間半ぐらいしか集中力が続かないのではないか」と懸念していたが、実際はあっという間の三時間で、子どもたちは誰一人飽きることなく、最後まで真剣に作業をしているそうだ。

「家族ロボット教室」は、開催する富士通コンピュータテクノロジーズの側にも、様々なメリットをもたらしている。現在、社員五〇〇名のうち一〇〇名が、「ロボット教室」のトレーナーとして登録。仕事の合間をぬって教室の準備を進めたり、小学生にわかりやすくプログラミング方法を教えるため、自主的に「トレーナー講習」を開いたりしているそうだ。

ロボット教室に参加した社員による「体験記」も、ホームページで読むことができる。子どもたちと一緒に悪戦苦闘しながらも、どの社員も、会社の業務では得ることができない貴重な体験ができたと感じているようだ。ある社員は、「ロボット教室は、私たちが感動を得られ、成長する場なのだと感じた」と語っていた。

菊池氏は、「普段の業務は、ともすると予定調和になりがちですが、小学生にものを教えるという経験を通して、創造性やコミュニケーション能力を磨くことができているように思います。それが本業のほうにいい影響を与えていることは間違いありません」と話す。

二〇一四年一一月までの間に、岩手県での「家族ロボット教室」は三〇回、六二八組が参加した。富士通コンピュータテクノロジーズでは、一〇〇〇組達成まで教室を続けることを目指している。

「経営学の神様」が分析する「釜石の奇跡」

釜石の防災教育を「危機管理の本質」と評価する人がいる。一橋大学名誉教授の野中郁次郎氏だ。

「知識創造経営」の生みの親として世界に知られ、日本を代表する経営学者の野中教授。二〇〇八年の「The Wall Street Journal」では、「The Most Influential Business Thikers（最も影響力のあるビジネス思想家）」のトップ二〇にも選出されている。日本軍の組織的失敗を取り上げた『失敗の本質』（一九八四年、ダイヤモンド社）、戦場で形勢逆転を可能にしたリーダーシップの本質を説いた『戦略の本質』（二〇〇五年、日本経済新聞出版社）、八〇年代を代表する国家リーダーの比較から国家経営の本質に迫る『国家経営の本質』（二〇一四年、日本経済新聞出版社）など、組織論やリーダーシップ論について多数の著書を執筆し、いずれも多くのビジネスマンに読まれ、「経営学の神様」とも呼ばれている。

その野中教授が、釜石の防災教育を高く評価していると知り、インタビューを申し込んだ。海外出張や国内での講演活動など、まさに秒刻みのスケジュールの間をぬって時間を

野中郁次郎・一橋大学名誉教授

つくっていただき、オフィスを訪問した。

野中教授は、日本の組織の多くが、「過剰な分析」「過剰な計画」「過剰なコンプライアンス」によって自らの意思決定や判断を縛り、行動を起こすことができなくなっていると考えている。

一方で、片田教授が主導してきた防災教育は、釜石で生きるための「お作法」を教えること、すなわち「生き方の教育」に深化していると評価している。客観的な情報を与えられるだけの教育では決して生み出すことのできない「主観」を育て、個人がそれぞれ周りとの関係を考えながら、自律的な行動を取るという教育である。これは、まさに「マネジメントの本質」だと野中教授は言う。

「私は経営学、つまりマネジメントを専門としています。マネジメントは、『サイエンス（分析）』だと一般的には思われていますが、実はそうではありません。『アート（直観・感覚）』の面もあって、両方のバランスが重要なのです。片田さんの釜石での取り組みを拝見すると、防災教育においても、サイエンスとアートを総合した方法が必要であることを実感しました。

普通、防災教育はサイエンスと見なされています。なぜなら、過去の定量的なデータを客観的に分析し、ある種の未来予測をして、マニュアル化したものを教えていくからです。しかし、東日本大震災によって明らかになったのは、津波被害を想定したハザードマップやマニュアルなどを与えられた人はそれにとらわれて、それ以外のことが考えられなくなってしまったことでした。過去の分析に基づく科学的な知識が、未来の災害の上限値を規定してしまいました。しかし、それは何が起きるかわからない自然の前では役に立たなかったのです。

ハザードマップのような形式化された知識は、客観的に見ることはできますが、それゆえに『他人事《ひとごと》』になってしまうという問題をはらんでいます。一方、片田さんは、子どもたちの中に地域を愛する心や伝統を重んじる心を育て、生きることに正面から向かう、主体的な姿勢を持たせようとしました。

釜石の人たちは海の恵みを受けて生活しています。しかし、海は津波のリスクももたらします。子どもたちにこの両方を教え、釜石で生きる『お作法』としての防災教育、すなわち『生き方の教育』を行ってきたのです。形骸化した知識の詰め込みではなく、自らの経験値に基づいて判断し行動することを可能とする生きた教育を行ったのです。『他人事』になりがちな形式的な知識を与える前に、『自分のこと』として、釜石への郷土愛を育むという感覚的なアートの面を先行させたのは、片田さんの人間に対する深い洞察からだと思います」

野中教授は「親子の絆」を使って、地域の防災体制が形成されていった点にも注目する。

「日本には昔から、人間の生き方として、人を救うための自己犠牲もいとわない、利他主義を美徳とする倫理感があります。家族の絆は、その最たるものです。親は自分を犠牲にしても子どもを助けます。しかし、津波が来た時にはその倫理感が多くのいのちを奪い、絆が一家全滅を招くということが起きてしまいます。

また、人間には非常時において『正常性バイアス』という心理作用も働きます。『自分は大丈夫』『まだ大丈夫』などと考えて、リスクを先送りして、まっとうに向き合おうとしないのです。これに対して片田さんは、自分のいのちに責任を持つことを、家族全員が互いに信じあう関係を築けと教えてきました。家族を信じて、まず自分のいのちに責任を持ち、自ら率先して逃げる。これが『津波てんでんこ』の本当の意味であるということですが、昔の人の知恵だと感心します。現代まで生きながらえている伝統は、真理なのだと思います。

さらに、子どもたちが自分で避難できるだけでなく、他人の避難も助けられるようにと、『助ける人から助けられる人へ』の意識転換の活動にも取り組みました。釜石のある中学校では、竹竿で担架をつくり、負傷者を運ぶ訓練などを体験させて、避難の仕方を実践しながら考えさせていたようです。これによって、子どもたちは知識を『身体化』させ、柔軟で応用の利く『実践知』を身につけていきました。

そして子どもたちは、自分が体験したこと、学んだことを親に話すものです。片田さんが実践したことは、子どもたちを通じて結果的に親も学んでいきました。子どものいのちを守るということは地域で最大の関心事ですから、互いに内容を共有して集団的実践知ともいうべき地域の共通知も醸成していきました。危機意識の低い釜石で、いかにして防災を地域文化として定着させるか。片田さんの文脈を読み取る洞察力も見事です」

「防災教育をコミュニケーション・デザインととらえ、合意形成を重視したことも非常に重要です。生き方に関わる合意形成は、単なる知識の押しつけでは達成できません。相手の視点に立ち、全人的に相手と向き合い、心の機微に触れ、互いに得た暗黙知（経験や勘に基づく知識のこと）を言葉で再構成して、対話を重ねていくことが必要です。この合意形成の仕方も感覚的な『アート』の世界です。

『サイエンス』はルール化やマニュアル化といったものを求めますが、災害に何が最善かを速攻で判断し行動する際に役立つのは、一瞬の判断、つまり『アート』、直観です。釜石の子どもたちは普段から災害について考え、避難訓練を徹底して行ってきたことによって、いざという時に即興的に状況判断をして、行動することができたのです。

単に『こうすべき』と教えるのではなく、『なぜそうするべきなのか』という本質を教えた釜石の防災教育。今はともすれば、分析的、客観的な形式知の教育に偏重しがちですが、重要なことは実践と分析と両者を総合すること、つまり『サイエンス』と『アート』をいたるところで総合していくということです。

釜石の防災教育には普遍性があります。防災の本質、教育の本質、マネジメントの本質をついていています。生きること自体、リスクマネジメントそのものだと言っても過言ではありません。その本質から教育していったことは、我々にとって大きな教訓だといえるでしょう」

野中教授の言葉から、防災教育とは単に逃げ方を教えることではなく、「生き方の教育」に他ならないことがわかるのではないだろうか。

おわりに　～そして未来へ～

震災から一年四カ月が過ぎた二〇一二年七月二九日。釜石小学校の体育館で、あるイベントが開催された。題して、「よしもとあおぞら花月」。お笑い芸人が被災地を訪れ、笑いを通して支援活動をするというものだ。

だが、この日の支援活動は、いつもとは少し違う意味合いを持っていた。イベントを企画したのが、釜石小学校の卒業生の子どもたちだったからだ。

イベントの実行委員長は、第一章で紹介した寺崎幸季さん。三月一一日、釣りをしていた友だち九人で高台へ避難した女の子だ。震災後、幸季さんは落ち込んで、気分がふさぐことが多かったそうだ。そんな時、お笑いのＤＶＤを見ると元気になれた。釜石のみんなも笑って元気になれれば、復興への力が生まれるはず――。そう考え、お笑いライブを企画しようと思いついた。

会場を釜石小学校の体育館にしたのにも、理由がある。震災後、釜石小学校は避難所となり、多くの被災者が避難生活を送っていた。幸季さんたち六年生の卒業式は震災で延期になったままだった。体育館は避難している人でいっぱいだったため、とても式ができる状況ではなかった。しかし、「子どもたちの晴れの日のためなら」と、住民は場所をあけてくれた。そして四月五日、無事に卒業式を行うことができた。幸季さんは、体育館を使わせてもらったお礼をしたいと、ずっと思っていた。

翌二〇一二年四月、中学校二年生になった幸季さんは、釜石小学校の卒業生たちに、自分のアイデアを打ち明けた。最初に声をかけたのは、澤田耀介くん。「新学期で同じクラスになって斜め前に座ってたのと、あの日、一緒に釣りしていた仲間だったから」というのが理由だったそうだ。耀介くんは、「それ、いいね！」と、すぐに賛成してくれた。そして、吉本興業へ送る企画書を書いてくれた。耀介くんは学年トップクラスの成績。書いた企画書を見せてもらったが、中学二年生とは思えない立派な文章だった。

二人は二年生の各教室にも企画書を張り、協力してくれる人を募集した。「子どもにこんなイベントができるわけないよ」と冷たい反応がある中で、「手伝うよ！」と言ってくれたのは、あの日、釣りをしていた仲間たちだった。

「みんなから面倒くさいとか、そんなのムリとかいっぱい言われてたから、釣りしてたメンバーが、すぐに『やるよ』って言ってくれたのはすごいうれしかった」と幸季さんは言う。

「あの日の絆は変わってない」と、心強く感じたそうだ。

「あおぞら花月」の担当者と何度も連絡を取りあい、ついに「七月二九日なら」ということでOKが出た。

幸季さんと仲間たちは、分担して手書きのチケットをつくり、それを持って仮設住宅や地域の人たちの家を一軒一軒回った。告知イベントのポスターも作成し、商店やスーパー、駅などを訪ねては、「お笑いライブするんです。ポスターを描いたので張ってもらえないでしょうか？」とお願いした。大人たちは「えー、君ら中学生が企画したの⁉」と、その行動力に驚いていた。

耀介くんを小さい頃から知っているという土産物屋のおじさんは、感激のあまり耀介くんのほおに「チュッ」とキス。「うわー、ファーストキスだ‼」と周りからはやし立てられ、耀介くんは真っ赤になっていたが、おじさんは、「この子らがこれからの釜石をしょって立つんだ！　この子らの肩に全部かかっているんだ！」と、子どもたちに激励の思いを込めてスポーツドリンクを持たせた。

イベントの日が近づくと、子どもたちは進行台本の作成にとりかかった。

「ねえ、この漢字はなんて読むの？　はっきじん？」

「違う！　発起人《ほっきにん》!!」

「『芸人』って、くさかんむりに伝説の伝でよかったよね？」

「もう、ひらがなばっかりで書かないで。漢字使え！」

などというような調子の子どもたち。芸人を呼ばなくても、子どもたちが舞台に立てばおもしろいんじゃないだろうかと思うやりとりだった。

そして、七月二九日。朝から暑い日だった。釜石小学校の先生たち、子どもたちの保護者も手伝って、会場設営が行われた。ゴザを敷いたり、扇風機を設置したり、子どもも大人もみんな汗だくになりながらの作業だった。

学校にバスが到着して四組の芸人が降りてくると、子どもたちはみなカチカチに緊張してしまった。控え室の教室に案内し、幸季さんが感謝の言葉とイベントの段取りを説明。

芸人たちは、みんな真剣な表情で聞いていた。

午後一時、「よしもとあおぞら花月」が開演した。幸季さんは、会場に集まった一四〇人を前にこう挨拶した。

「本日はお忙しい中、ご来場いただきましてありがとうございます。あの日から二回目のお盆がもうすぐこようとしています。ただただ忘れたかったあの日を、少しずつ、忘れてはいけない日だと感じられる気がします。

三月一一日を考えるたびに思うこと、それは生きていることへの感謝です。四月五日、この場所でできなかった卒業式を、一生の思い出だからと開いてくださったみなさんのあたたかい気持ちと、自分たちの周りのすべての方々に感謝しています。

これからもどんなことがあっても、すべてのことに感謝を、そして笑顔を忘れないで生きていきます。七月二九日、よしもとあおぞら花月実行委員長、寺崎幸季」

心を打つ言葉だった。

二時間ほどにわたって行われた、お笑いライブ。有名な芸人もいれば、あまり有名でない芸人もいたが、集まった町の人たちはみな大笑いしていた。一年前、悲しみにあふれていた体育館は、終始明るい笑い声で包まれた。「こういう会をつくってもらってありがたいね」「元気をもらった」と、みな笑顔で体育館を後にした。

会場の片付けが終わった後、幸季さんは興奮が冷めやらない様子でこう話してくれた。

「みんな笑ってくれてた。それが目標だったから、すごい達成感！　中学生が自分たちだけでお笑いライブを企画するなんてムリかもと諦めかけたけど、手伝ってくれたのが、あの日のメンバーだったから、一緒に乗り越えられたのかなって思う。

こうやって会場が一つになれるんだから、釜石もまた一つになれるはず。私は頭はよくないけど、釜石をずっと盛り上げていきたいなって思います」

震災から一年四カ月にわたった撮影は、このお笑いライブで最後となった。局に戻り、これまで撮影したロケテープを見返して改めて気づいたことがあった。

それは、お笑いライブに限らず、子どもたちがいる場所にはいつも笑いがあふれているということだった。思いもつかないような表情をしてみたり、行動を取ってみたり。どんなに辛い状況の中でも、子どもたちは大人を笑顔にしてくれる力を持っている。

被災地の取材を通じて、子どもはそこにいるだけで希望なのだと感じることが多かった。

子どもがいれば、大人は生きる目的を見いだせる。これから長い時間がかかる復興にも、「この子たちのために」と気力を振り絞ることができる。

だからこそ強く主張したい。災害で子どものいのちを消してはならないと。想定外の大災害の中でも、生き抜くことができると、釜石の子どもたちは教えてくれた。だが、その力を育むのは、私たち大人の責任だ。

「子どもは純粋だから、大きな地震が来たら、教えられた通り高いところへ逃げる」という声をよく聞くが、それは違う。なぜなら、非常事態が起きると、子どもたちはまず親や家族のもとに駆けつけようとするからだ。釜石小学校の子どもたちを取材すると、あの日、子どもたちの多くが、自分のことより家族の身の安全を心配していたことに気づかされた。小さな子どもでも、愛する人を守りたいという気持ちは強いのだ。

その愛情ゆえに、津波に巻き込まれるという悲劇を生み出さないためにも、「自分のいのちは自分で守る」という教育が必要なのだ。

釜石小学校には、故・井上ひさしさんが作詞した素晴らしい校歌がある。

通常、校歌といえば、ふるさとの美しさなどを讃えたものが多いが、井上さんの作詞は全く違う。地名などはいっさい入れず、次のように子どもたちに語りかけている。

釜石小学校校歌　作詞・井上ひさし　作曲・宇野誠一郎

（一）
いきいき生きる　いきいき生きる
ひとりで立って　まっすぐ生きる
困ったときは　目をあげて
星を目あてに　まっすぐ生きる
息あるうちは　いきいき生きる

（二）
はっきり話す　はっきり話す
びくびくせずに　はっきり話す
困ったときは　あわてずに

人間について　　よく考える
考えたなら　　はっきり話す

（三）
しっかりつかむ　　しっかりつかむ
まことの智恵を　　しっかりつかむ
困ったときは　　手をだして
ともだちの手を　　しっかりつかむ
手と手をつないで　しっかり生きる

釜石小学校の校歌が伝えているのは、「教育の本質」ではないだろうか。

そして、どんな状況の中でも的確に判断し、生き抜く力をつけてこそ、本当の教育なのだと、被災地を取材して強く感じた。

この本を手にした一人でも多くの方が、防災教育を単なる災害への対応策ではなく、困難を乗り越える「生き方の教育」としてとらえていただければと思う。

＊

本書『釜石の奇跡～どんな防災教育が子どもの〝いのち〟を救えるのか？～』は、クローズアップ現代「ぼくらは大津波を生きた」「巨大津波が小学校を襲った～石巻・大川小学校の六か月～」、ＮＨＫスペシャル「釜石の〝奇跡〟　いのちを守る特別授業」の三本の番組をもとに原稿をまとめたものです。これらの番組を制作するにあたって、多くの方々に助けていただきました。

取材に協力してくださった釜石小学校の教職員、保護者、子どもたち、釜石市のみなさま。片田敏孝先生、野中郁次郎先生、研究室のみなさま。ＪＲ東労組のみなさま。富士通のみなさま。そして、大川小学校の関係者のみなさま。資料を提供してくださった独立行政法人港湾空港技術研究所のみなさま。英語版の制作でお世話になったみなさま。原稿をまとめる上で、多くの助言を与えてくれた番組スタッフ。ＮＨＫスペシャル「わが子へ～大川小学校　遺族たちの一年～」を制作した小笠原卓哉ディレクター。また、執筆が遅れに遅れたにもかかわらず支えてくださったイーストプレス・藁谷浩一さん、ＮＨＫエンタープライズ・松尾浩司さん。みなさまにこの場を借りてお礼申し上げます。

そして、東日本大震災で犠牲となられたみなさまのご冥福を心からお祈りいたします。
これからもずっと「三・一一」のことを忘れることなく、伝え続けていきます。

二〇一四年一二月　大震災から二〇年目を迎える神戸にて

福田和代

制作スタッフ一覧

◎NHKスペシャル「釜石の“奇跡”　いのちを守る特別授業」
（2012年9月1日放送）

司会　国分太一　首藤奈知子
出演　今井絵理子　熊田聖亜　サンドウィッチマン　つるの剛士
　　　堀ちえみ　本田望結　まえだまえだ（50音順）
　　　片田敏孝
語り　武内陶子
取材　松本弥希　阿倍宗平
撮影　加藤　覚　俣野周作
音声・照明　谷津　肇
スタジオ音声　髙橋正吾
映像デザイン　中川泰宣
アニメ制作　トムス・エンタテインメント
音響効果　小野さおり
編集　田島義則
ディレクター　福田和代
制作統括　中村直文

◎クローズアップ現代「ぼくらは大津波を生きた」（2012年1月17日放送）

取材　松本弥希
撮影　加藤　覚
音声・照明　谷津　肇
音響効果　日下英介
編集　田島義則
ディレクター　福田和代
制作統括　中村直文

◎クローズアップ現代「巨大津波が小学校を襲った～石巻・大川小学校の六か月～」
（2011年9月14日放送）

取材　茅原毅一朗　山野耕平　佐藤網人
撮影　涌井　洋
音声・照明　岡戸貴憲
音響効果　日下英介
編集　宮本潔隆
デスク　但野克典　寒川由美子　山崎真一
ディレクター　福田和代
制作統括　中村直文

NHKスペシャル取材班

執筆者・福田和代

NHK報道局 報道番組センター
社会番組部チーフプロデューサー

兵庫県神戸市出身。東京外国語大学大学院卒業後、平成7年NHK入局。国際放送局・津局・名古屋局などを経て現在、報道局・報道番組センター社会番組部チーフプロデューサー。NHKスペシャル『"生命"の未来を変えた男〜山中伸弥・iPS細胞革命』、『横綱 白鵬〜"最強"への挑戦〜』、『自動車革命 第1回 トヨタ 新時代への苦闘』、『あなたの笑顔を覚えていたい』(第34回放送文化基金賞番組賞・第45回ギャラクシー賞奨励賞)など数多くのドキュメンタリーを手がけ、東日本大震災後は、クローズアップ現代『"命の情報"がつかめない』、『巨大津波が小学校を襲った〜石巻・大川小学校の6か月〜』やNHKスペシャル『復興はなぜ進まないのか〜被災地からの報告〜』、『釜石の"奇跡" いのちを守る特別授業』など、被災地の現状やそこで生きる人々の姿を取り上げる番組を多数制作している。

釜石《かまいし》の奇跡《きせき》
どんな防災教育《ぼうさいきょういく》が 子《こ》どもの“いのち”を救《すく》えるのか?

2015年1月20日　初版第1刷発行
2020年6月20日　第2刷発行

著　者　NHKスペシャル取材班

発行人　北畠夏影
編　集　藁谷浩一
営　業　雨宮吉雄、明田陽子
発行所　株式会社イースト・プレス
〒101-0051
東京都千代田区神田神保町2-4-7
久月神田ビル
TEL　03-5213-4700
FAX　03-5213-4701
http://www.eastpress.co.jp

装　丁　大井　亮(Zapp!)
本文DTP　小林寛子
印刷所　中央精版印刷株式会社

ISBN978-4-7816-1281-2

JASRAC 出 1416291-401